Birte Stratmann/Nicole Weber

Lernwerkstatt Weihnachten

Fächerübergreifende Kopiervorlagen
1./2. Klasse

Die Autorinnen

Birte Stratmann studierte Lehramt für Deutsch, Religion und Kunst und arbeitet als Grundschullehrerin in Niedersachsen.

Nicole Weber studierte Lehramt für Deutsch, Religion und Sachkunde und arbeitet ebenfalls als Grundschullehrerin in Niedersachsen.

Beide Autorinnen veröffentlichten bereits erfolgreich einige Werke zur Freiarbeit in der Grundschule.

7. Auflage 2021
© 2009 PERSEN Verlag, Hamburg

AAP Lehrerwelt GmbH
Veritaskai 3
21079 Hamburg
Telefon: +49 (0) 40325083-040
E-Mail: info@lehrerwelt.de
Geschäftsführung: Christian Glaser
USt-ID: DE 173 77 61 42
Register: AG Hamburg HRB/126335
Alle Rechte vorbehalten.

Das Werk als Ganzes sowie in seinen Teilen unterliegt dem deutschen Urheberrecht. Der Erwerber einer Einzellizenz des Werkes ist berechtigt, das Werk als Ganzes oder in seinen Teilen für den eigenen Gebrauch und den Einsatz im eigenen Präsenz- wie auch dem Distanzunterricht zu nutzen.
Produkte, die aufgrund ihres Bestimmungszweckes zur Vervielfältigung und Weitergabe zu Unterrichtszwecken gedacht sind (insbesondere Kopiervorlagen und Arbeitsblätter) dürfen zu Unterrichtszwecken vervielfältigt und weitergeben werden.

Die Nutzung ist nur für den genannten Zweck gestattet, nicht jedoch für einen schulweiten Einsatz und Gebrauch, für die Weiterleitung an Dritte einschließlich weiterer Lehrkräfte, für die Veröffentlichung im Internet oder in (Schul-)Intranets oder einen weiteren kommerziellen Gebrauchs.
Mit dem Kauf einer Schullizenz ist die Schule berechtigt, die Inhalte durch alle Lehrkräfte des Kollegiums der erwerbenden Schule, sowie durch die SchülerInnen und Schüler der Schule und deren Eltern zu nutzen.

Nicht erlaubt ist die Weiterleitung der Inhalte an Lehrkräfte, Schülerinnen und Schüler, Eltern, andere Personen, soziale Netzwerke, Downloaddienste oder ähnliches außerhalb der eigenen Schule.
Eine über den genannten Zweck hinausgehende Nutzung bedarf in jedem Fall der vorherigen schriftlichen Zustimmung des Verlags.
Sind Internetadressen in diesem Werk angegeben, wurden diese vom Verlag sorgfältig geprüft. Da wir auf die externen Seiten weder inhaltliche noch gestalterische Einflussmöglichkeiten haben, können wir nicht garantieren, dass die Inhalte zu einem späteren Zeitpunkt noch dieselben sind wie zum Zeitpunkt der Drucklegung. Der PERSEN Verlag übernimmt deshalb keine Gewähr für die Aktualität und den Inhalt dieser Internetseiten oder solcher, die mit ihnen verlinkt sind, und schließt jegliche Haftung aus.

Wir verwenden in unseren Werken eine genderneutrale Sprache. Wenn keine neutrale Formulierung möglich ist, nennen wir die weibliche und die männliche Form. In Fällen, in denen wir auf Grund einer besseren Lesbarkeit nur ein Geschlecht nennen können, achten wir darauf den unterschiedlichen Geschlechtsidentitäten gleichermaßen gerecht zu werden.

AutorIn:	Birte Stratmann, Nicole Weber
Covergestaltung:	TSA&B Werbeagentur GmbH, Hamburg
Illustrationen:	Barbara Gerth
Satz:	Satzpunkt Ursula Ewert GmbH, Bayreuth
Druck und Bindung:	Esser printSolutions GmbH, Bretten

ISBN: 978-3-8344-0358-2
www.persen.de

Inhalt

Vorwort 5

Empfehlung zum Einsatz hinsichtlich der Klassenstufen 6

Hinweise zum Umgang mit den Materialien 8

Deutsch

Weihnachts-Lesemalbuch 9

Weihnachtsgeschichten mit Aufgaben zum Textverständnis
- Tim mogelt 14
- Der Keksengel 15
- Der Adventskalender 16
- Goldstaub im Taschentuch 18

Wunschzettel schreiben und gestalten 20

Geschichten mit Weihnachtswörtern schreiben 21

Fragen an den Weihnachtsmann 22

Wortarten zum Thema *Weihnachten* 23

Zusammengesetzte Nomen zum Thema *Weihnachten* 24

Weihnachts-Wort-Bild-Zuordnung 25

Weihnachts-Wort-Bild-Memory oder Wort-Bild-Schlange 26

Mein ABC der Weihnachtszeit 30

Schreiben einer Weihnachts-Bildergeschichte 31

Mit Weihnachtsgedichten umgehen
- Ich wünsch mir (Reimwörter einsetzen/Malen zum Text) 33
- Denkt euch… (Ein Gedicht wiederherstellen) 36
- Im Weihnachtswichtelwald (Ein Gedicht wiederherstellen) 38
- Ein Weihnachts-Elfchen schreiben 43
- Ein Weihnachts-Akrostichon schreiben 45

Mathematik

Weihnachts-Rechenpuzzle 46

Weihnachts-Faltsterne 48

Einkaufen auf dem Weihnachtsmarkt 50

Spiegeln mit Weihnachtssymbolen ... 51

Magische Weihnachtssterne 53

Sachunterricht

Thema *Zucker* –
Für Detektive und Forscher 55
- Versuch mit Zucker 56
- Rezepte mit Zucker 57

Thema *Sinne* –
Ein Stationslauf 59

Unsere Sinnesorgane 60

Religion

Thema *Advent*

Ein Vorschlag zum Einstieg 61

Geschichte: Der Adventskranz 63

Die Weihnachtsgeschichte 66

Die Weihnachtsgeschichte als kleines Faltbuch 68

Geschichten zum Vorlesen 73
• Nils und die Krippenfiguren 73
• Die Heiligen Drei Könige. 75

Kunst

Malen mit Deckfarben 79

Zum Verschenken 80
• Schmuckdosen gestalten 80
• Weihnachtsengel-Briefpapier 80

Zum Dekorieren des Klassenraumes
• Ein Klassen-Tannenbaum 81
• Weihnachtsgirlande 81
• Girlande aus Goldpapier. 81
• Weihnachtsbaumkugeln 82
• Weihnachten im Schuhkarton. 82

Musik

Tänze
• Sternentanz. 83
• Nüssetanz. 84
• Lichtertanz. 84

Eine Weihnachts-Klanggeschichte 85

Adventsstunde

Anregungen zur Gestaltung
von Adventsstunden. 88

Geschichten zum Vorlesen für
die Adventsstunde am Morgen 89
• Die Päckchenparty 89
• Auf dem Weihnachtsmarkt 90

Weihnachtsfeiern und Gottesdienste

Weihnachtsfeiern gestalten 92
• Bewegungsgeschichte 93
• Gedichte vortragen 95
• Weihnachts-Rezepte. 96

Ideen für einen Gottesdienst 98

Zusatzaufgaben

Weihnachtsrätsel 99

Suchsel zur Weihnachtszeit. 103

Weihnachtmandala 106

Weihnachtsbild zum Ausmalen 107

Weihnachtsspiel. 108

Vorwort

Die Vorweihnachtszeit mit Kindern verbringen zu dürfen ist etwas ganz Besonderes. Ihre Vorfreude ist ansteckend. Sie genießen die Weihnachtszeit ganz intensiv. Für Kinder sind die 24 Dezembertage bis Weihnachten sehr lang. Bei uns Erwachsenen sieht das ganz anders aus. Die Vorweihnachtszeit wird zum Aktions- und Terminchaos, der Kalender zum „Countdown". So viel muss in drei Wochen Vorweihnachtszeit „hineingequetscht" werden…

Die Klassen müssen weihnachtlich dekoriert werden, eine Weihnachtsfeier muss organisiert und mit einem netten Programm ausgestaltet werden. Ein Weihnachtsgottesdienst mit Krippenspiel will gestaltet werden, Lieder müssen fürs Adventssingen eingeübt werden, dann fehlt noch der Backtag, die täglichen Adventsstunden und so weiter. Da kann sich bei den Lehrern Vorfreude schnell in Sorge verwandeln, Besinnlichkeit bleibt auf der Strecke und von dem Weihnachtszauber, den Kinder erleben sollten, bleibt nichts mehr übrig.

Wir lieben sie dennoch, die Weihnachtszeit und hoffen, dass wir Ihnen mit diesen Unterrichtsmaterialien Zeit schenken, damit Sie wieder in den Genuss einer besinnlichen Adventszeit kommen können. Das Buch ist so aufgebaut, dass nahezu für jedes Fach Material und Ideen als Kopiervorlagen vorliegen. Hinzu kommen Vorschläge für Weihnachtsfeiern oder Gottesdienste, Rezepte, Lieder und Geschichten. Klassenlehrer/-innen oder Fachlehrer/-innen haben mit diesem Buch die Möglichkeit, ihren Unterricht und Veranstaltungen in der Adventszeit zügig vorzubereiten, so dass hoffentlich noch genügend Zeit übrig bleibt, um mit ihren Kindern den Advent zu genießen.

Empfehlung zum Einsatz hinsichtlich der Klassenstufen

Fach	Inhalt	1. Klasse	1. und 2. Klasse	2. Klasse
Deutsch	Weihnachts-Lesemalbuch (I) Weihnachts-Lesemalbuch (II)	X		X
	Weihnachtsgeschichten mit Aufgaben zum Textverständnis			X
	Wunschzettel schreiben und gestalten		X	
	Geschichten schreiben mit Weihnachtswörtern			X
	Fragen an den Weihnachtsmann			X
	Wortarten zum Thema *Weihnachten*			X
	Zusammengesetzte Nomen zum Thema *Weihnachten*			X
	Weihnachts-Wort-Bild-Zuordnung	X		
	Weihnachts-Wort-Bild-Memory		X	
	Mein ABC zur Weihnachtszeit			X
	Schreiben einer Weihnachts-Bildergeschichte			X
	Mit Weihnachtsgedichten umgehen			X
Mathematik	Weihnachts-Rechenpuzzle I	X		
	Weihnachts-Rechenpuzzle II			X
	Weihnachts-Faltsterne		X	
	Einkaufen auf dem Weihnachtsmarkt			X
	Spiegeln mit Weihnachtssymbolen (I)	X		
	Spiegeln mit Weihnachtssymbolen (II)			X
	Magische Weihnachtssterne (I)	X		
	Magische Weihnachtssterne (II)			X

Fach	Inhalt	1. Klasse ☆	1. und 2. Klasse ☆☆	2. Klasse ☆
Sachunterricht	Thema *Zucker*			X
Sachunterricht	Thema *Sinne*		X	
Religion	Thema *Advent*		X	
Religion	Ein Vorschlag zum Einstieg		X	
Religion	Geschichte: Der Adventskranz		X	
Religion	Die Weihnachtsgeschichte		X	
Religion	Die Weihnachtsgeschichte als kleines Faltbuch		X	
Religion	Geschichte zum Vorlesen: Nils und die Krippenfiguren			X
Religion	Geschichte zum Vorlesen: Die Heiligen Drei Könige		X	
Kunst	Malen mit Deckfarben		X	
Kunst	Zum Verschenken		X	
Kunst	Zum Dekorieren des Klassenraumes		X	
Musik	Nüssetanz		X	
Musik	Lichtertanz		X	
Musik	Sternentanz		X	
Musik	Eine Weihnachts-Klanggeschichte		X	

© Persen Verlag

Hinweise zum Umgang mit den Materialien

Die vorweihnachtliche Zeit in der Schule gemeinsam bewusst zu erleben trägt zur Stärkung und Festigung der Klassengemeinschaft bei.

Diese Werkstatt soll eine Ideensammlung zum Thema „Weihnachten" sein. Gerade bei diesem Thema eignet es sich sehr gut, fächerübergreifend zu arbeiten.

Die meisten Unterrichtsideen verlangen keine aufwendige Vorbereitung, sondern sind als Kopie im Unterricht einsetzbar. Es bietet sich an, aus der Fülle der Angebote eine Werkstatt zu erstellen, indem sie das Material im Klassenraum auslegen, damit die Kinder fächerübergreifend und individuell arbeiten können. Dabei ist eine Binnendifferenzierung möglich. Der Schwierigkeitsgrad der Aufgaben ist immer oben auf dem Arbeitsblatt durch Symbole angezeigt: Ein kleiner Stern ☆ erstes Schuljahr, ein größerer Stern ☆ zweites Schuljahr, kleiner und großer Stern ☆☆ erstes und zweites Schuljahr.

Zusätzlich besteht die Möglichkeit, im zweiten Schuljahr für Kinder mit großen Lernschwierigkeiten auf Material aus dem ersten Schuljahr zurückzugreifen.

Die Ergebnisse der Weihnachtswerkstatt können in einem Weihnachtsheft gesammelt werden, dessen Vorderseite im Kunstunterricht individuell gestaltet werden kann.

Es ist jedoch auch möglich, einzelne Materialien fachspezifisch einzusetzen und als Arbeitsblatt in die entsprechenden Mappen abzuheften.

Einige Unterrichtsideen, z. B. im Fach Religion, Kunst und Sachunterricht bedürfen bestimmter Informationen, Materialien oder Gegenstände. Was im Einzelnen benötigt wird, ist vorab beschrieben oder aufgeführt. Informationen sind Texten oder Geschichten zu entnehmen, die von leistungsstarken Schülern selbstständig erlesen werden können oder vom Lehrer vorgelesen werden sollten. Alle Arbeitsblätter sind als Kopiervorlage vorhanden.

Die meisten Aufgabenstellungen sind so formuliert, dass sie Zweitklässler selbstständig erlesen können. Für die Erstklässler haben wir oft auf Aufgabenstellungen verzichtet. Entweder ist das Blatt so gestaltet, dass die Erstklässler die Aufgaben verstehen und bearbeiten können, oder es ist notwendig, dass die Lehrer den Arbeitsauftrag zunächst erläutern.

Weihnachts-Lesemalbuch

Dieses Faltbuch gibt es in zwei Schwierigkeitsgraden. Die leistungsstärkeren Kinder müssen alle Wörter lesen und die leistungsschwächeren erhalten ein Faltbuch, in dem schwer zu erlesene Wörter bildlich dargestellt sind. Um Misserfolge zu vermeiden, sollte das Basteln des Buches im Klassenverband erfolgen und von der Lehrperson geheftet werden.

Arbeitsauftrag (von der Lehrperson vorzulesen)
- Schneide entlang der Linien mit der Schere das Blatt einmal durch.
- Knicke beide Hälften auf der gestrichelten Linie in der Mitte.
- Lege die Hälften ineinander. Achte darauf, dass die Zahlen von 1–6 richtig aufeinander folgen.
- Hefte dein Buch zusammen.

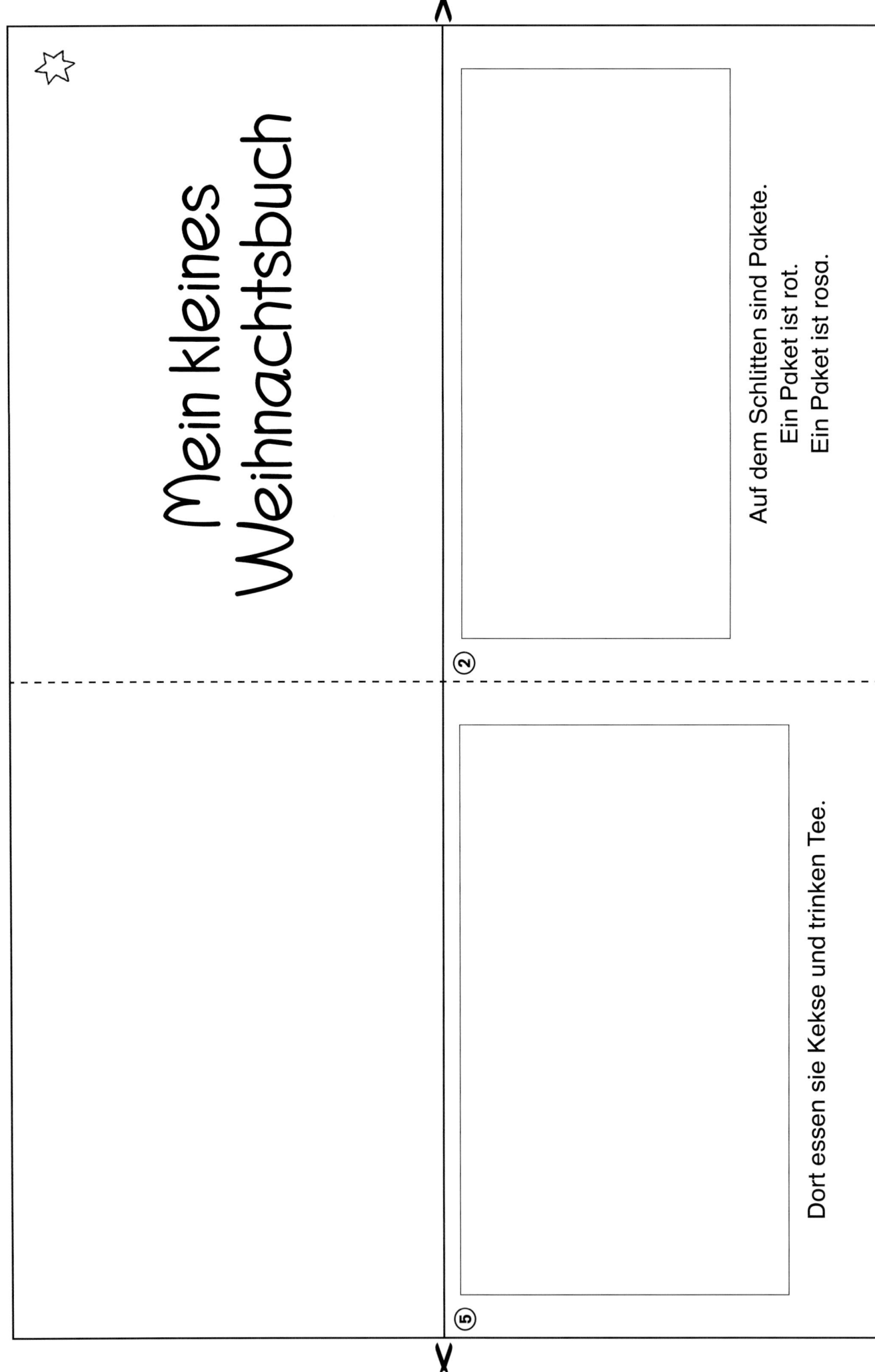

① Da ist der Weihnachtsmann mit dem Esel und dem Schlitten.

③ Der Weihnachtsmann legt die Pakete unter den Baum.

④ Dann sausen sie nach Hause.

Ende

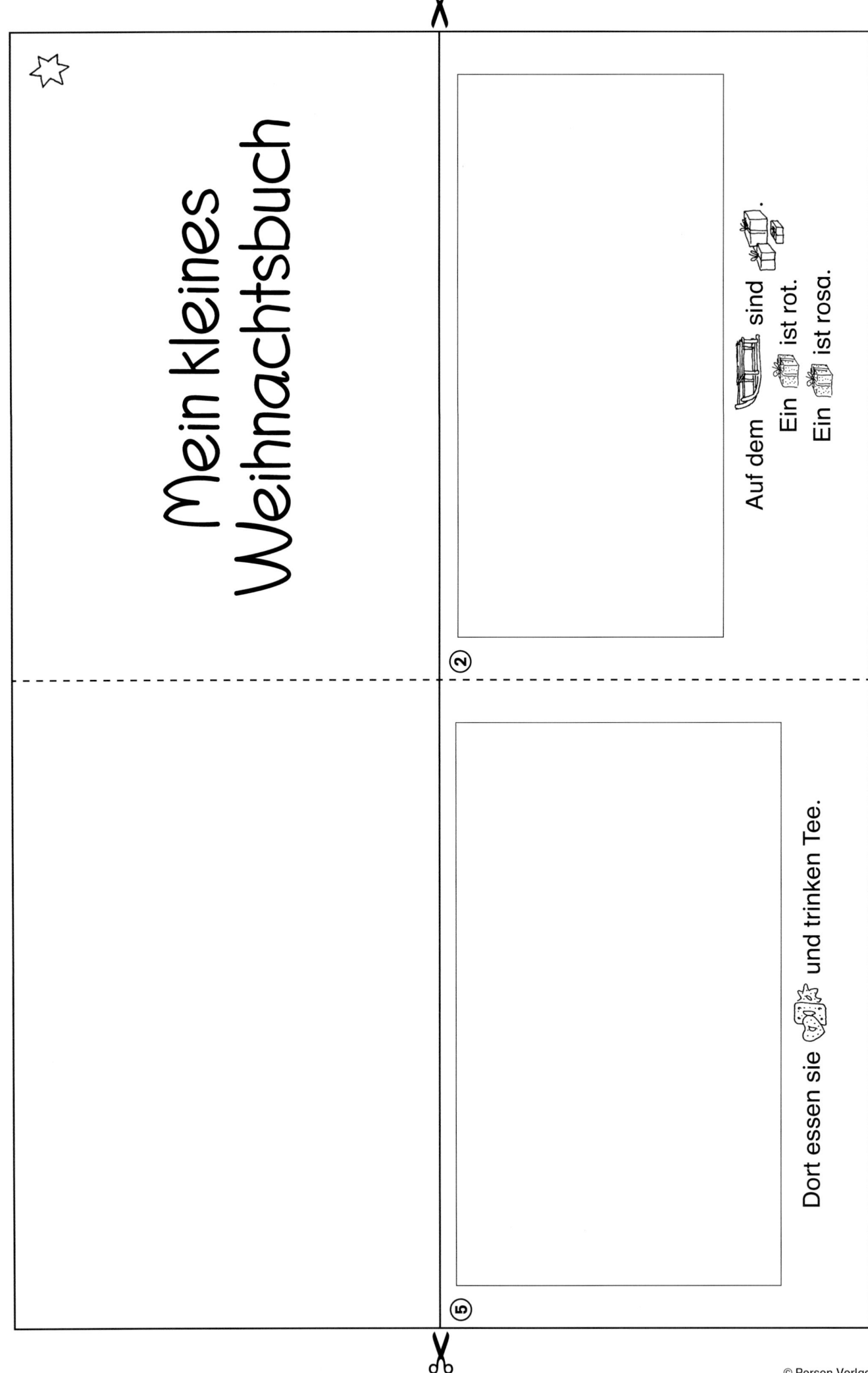

Mein kleines Weihnachtsbuch

Auf dem sind .
Ein ist rot.
Ein ist rosa.

②

Dort essen sie und trinken Tee.

⑤

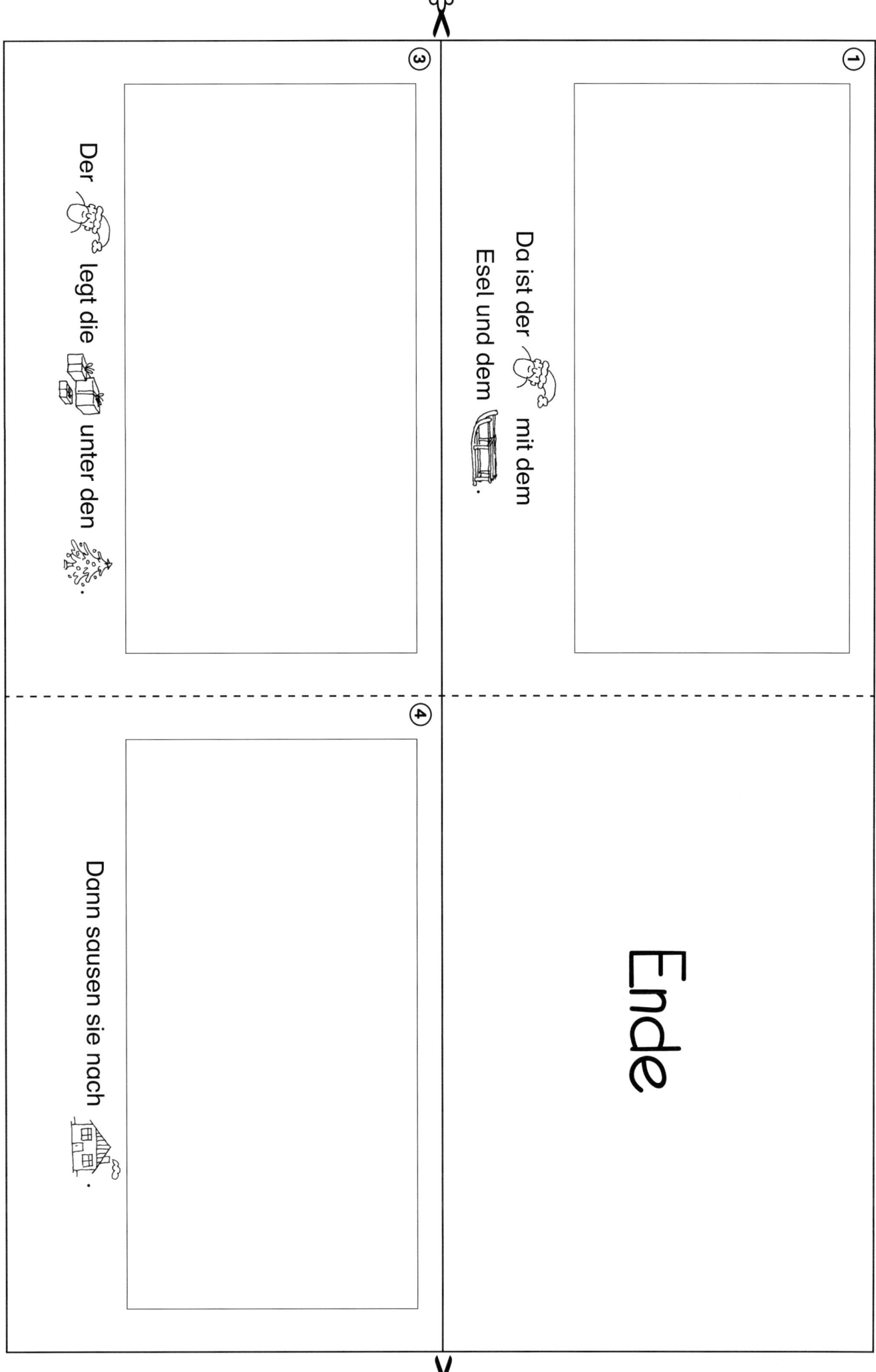

Weihnachtsgeschichten

Tim mogelt

Morgen kommt der Nikolaus.
Emma und Anna freuen sich schon sehr darauf.
Damit der Nikolaus Kekse, Schokolade und kleine Geschenke
in ihre Schuhe steckt,
putzen Emma und Anna eifrig ihre Stiefel.
Nur Tim ist faul.
Tim denkt nicht daran,
seine Schuhe zu putzen.
Emma und Anna reden mit Tim.
Doch Tim fängt einfach nicht an.
Schließlich machen Emma und Anna sich Sorgen.
Der Nikolaus bringt Tim nichts,
wenn er seine Schuhe nicht putzt.
Also machen sich die beiden Mädchen an die Arbeit
und säubern Tims Schuhe.
Dann schreiben sie einen Zettel an den Nikolaus.

> Lieber Nikolaus,
> Tim hat seine Stiefel nicht geputzt. Das waren Emma und Anna.

Am nächsten Morgen laufen die Kinder schnell zu ihren Schuhen.
Emma und Anna freuen sich
über ihre feinen Sachen.
In Tims Stiefel stecken auch Süßigkeiten
und ein Zettel vom Nikolaus.

> Hallo Tim,
> du hast gemogelt. Im nächsten Jahr musst du Emmas und Annas Schuhe mit putzen.
> Viele Grüße,
> der Nikolaus

Beantworte die Fragen im Heft.
1. Was schreiben Emma und Anna dem Nikolaus?
2. Was steckt am nächsten Tag in Tims Stiefel?
3. Was soll Tim im nächsten Jahr für Emma und Anna machen?

Male oder schreibe auf, was dir der Nikolaus gebracht hat.

Der Keksengel

Lena und Fin backen Kekse.
Die Kinder dürfen den Teig kneten,
dann rollen sie den dicken gelben Teigkloß auf dem Tisch aus.
Sie stechen Sterne, Herzen, Stiefel und einen Keksengel aus.
Die Kekse werden im Ofen gebacken.
Das ganze Haus duftet nach Weihnachtskeksen.
Als sie fertig sind, dürfen Fin und Lena die Kekse verschönern.
Das ist das Beste.
Die Kinder bestreichen die Kekse mit buntem Zuckerguss
und kleben Perlen, Streusel und Schokostücken auf.
Als der Keksengel fertig ist,
passiert etwas sehr Merkwürdiges.
Er zwinkert mit den Augen,
bedankt sich für das schöne Kleid und fliegt einfach davon.
Die Kinder können nicht glauben,
was gerade geschehen ist.
In den nächsten Tagen warten sie auf den Engel.
Er kommt nicht wieder,
aber irgendwie haben beide in dieser Weihnachtszeit besonders viel Glück.
Am Weihnachtstag, als der Weihnachtsbaum steht
und die Krippe aufgestellt ist,
fliegt plötzlich der Keksengel über Maria und Josef und dem Jesuskind.
Und wieder zwinkert er den Kindern zu.
Seitdem hängt über der Krippe bei Lena und Fin immer ein bunter Keksengel,
auch wenn einige Erwachsene das etwas merkwürdig finden.

Beantworte die Fragen im Heft.
1. Wie heißen die Kinder, die Kekse backen?
2. Welche Keksfiguren stechen sie aus?
Streiche die durch, die sie **nicht** ausstechen.

Glocke – Herzen – Kugeln – Schneemänner – Stiefel – Weihnachtsmänner
– Sterne – Rentiere – Engel – Tannenbäume

3. Wie sieht wohl der Keksengel aus?
   Male ihn so, wie du ihn dir vorstellst.

Der Adventskalender

Jule ist ganz neu in der Klasse 2a.
Sie kennt noch kein Kind.
Ihre Freunde sind weit weg.
Manchmal weint sie ein bisschen.
Jule tut Lina leid.
Dann hat Lina eine Idee.

Sie geht zur Lehrerin und fragt,
ob die Klasse nicht einen Adventskalender
nur für Jule basteln darf.
Die Lehrerin ist dafür und alle machen mit.
Malte malt ein schönes Bild,
Dorle faltet einen Stern,
Max schneidet eine Kerze aus,
Kim legt einen Keks in den Kalender.
Lina schreibt Jule einen kleinen Brief.
„Wollen wir heute zusammen spielen?"
Jedes Kind schreibt seinen Namen zu seinem Geschenk.
Dann schenken sie Jule den Kalender.
Jule freut sich sehr.
Jeden Tag fragen die Kinder:
„Hast du heute mein Geschenk im Kalender gehabt?"
Jule berichtet und eines Tages läuft sie zu Lina und gibt ihr auch einen Brief.
Lina liest: „Ich möchte gerne mit dir spielen."
Nun ist Jule nicht mehr allein.
Sie hat neue Freunde und eine beste Freundin und die heißt Lina.

Beantworte die Fragen.

1. Warum weint Jule manchmal?

2. Was ist richtig?
   Kreuze nur die richtige Aussage an.

   ☐ Lina möchte mit Jule frühstücken.

   ☐ Lina möchte für Jule einen Adventskalender kaufen.

   ☐ Lina möchte für Jule ein Bild malen.

   ☐ Lina möchte mit der ganzen Klasse für Jule einen Adventskalender basteln.

   ☐ Lina möchte mit Jule Hausaufgaben machen.

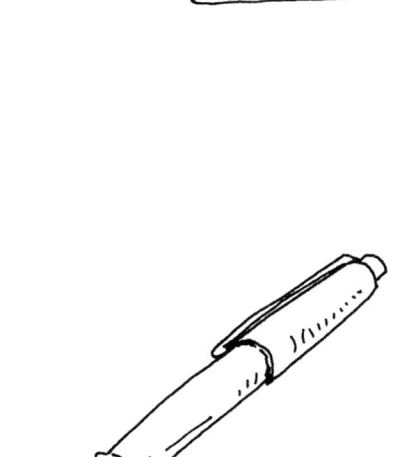

3. Was basteln die Kinder für Jule. Schreibe es auf.

   Malte: _____

   Dorle: _____

   Max: _____

   Kim: _____

   Lina: _____

4. Wie heißt Jules beste Freundin?

   _____

Goldstaub im Taschentuch

Die Kinder der Klasse 2b sind schon ganz aufgeregt.
Heute fahren sie mit ihrer ganzen Klasse ins Theater.
Ida darf mit ihrer Freundin in der ersten Reihe sitzen.
Der Vorhang geht auf und das Stück beginnt.
Die Kinder sind begeistert.
Aus dem Zauberstab der guten Fee kommt wunderschöner Goldstaub.
Ida fängt ihn mit ihrem Rock auf.
In der Pause schüttet sie den kostbaren Goldstaub in ein Taschentuch
und nimmt ihn mit nach Hause.
Ida ist stolz auf ihren Schatz.
Jeden Morgen schaut sie nach, ob er noch da ist.
Wenn ihr Bruder die Tür zu schnell öffnet, fliegt ein wenig weg.
Ida ist darüber ganz unglücklich.
Weihnachten ist nur noch ein kleines bisschen übrig.
Als Mama die Krippe aufstellt, hat Ida eine Idee.
Sie läuft los und holt ihren Goldstaub.
Vorsichtig gibt sie ihn einem König für Jesus in die Hand.
Ida ist sich sicher, dass der König glücklich ist,
weil er nun das richtige Geschenk für Jesus hat.

Beantworte die Fragen.

1. Wohin fahren die Kinder der Klasse 2b?

   _____

2. In welcher Reihe darf Ida sitzen?

   _____

3. Womit fängt Ida den Goldstaub auf? Kreuze die richtige Antwort an.

   ☐ Mit ihrer Handtasche.

   ☐ Mit ihrem Schuh.

   ☐ Mit ihrem Regenschirm.

   ☐ Mit ihrem Rock.

Goldstaub im Taschentuch

Male auf die Bühne die gute Fee, die den Goldstaub ausschüttet.

Mein Wunschzettel

Geschichten mit Weihnachtswörtern schreiben

Arbeitsauftrag
- Suche dir eine Dose aus und schütte die Wörter vor dir auf den Tisch.
- Lies dir die Wörter durch.
- Entscheide, ob dir zu diesen Wörtern eine Geschichte einfallen würde. Wenn ja, behalte die Dose. Wenn nicht, lege die Wörter in die Dose zurück und nimm dir eine andere.
- Schreibe nun eine Geschichte, in der die Wörter der Dose vorkommen. Du musst nicht alle Wörter verwenden.

Dose 1:

Weihnachten	Tannenbaum	schmücken
umgefallen	Weihnachtsbaumständer	

Dose 2:

Geschenk	basteln	Versteck
Hund	neugierig	knabbert

Dose 3:

Nikolaus	Stiefel	Pferd
hoher Schnee	stecken bleiben	

Fragen an den Weihnachtsmann

Arbeitsauftrag
- Stelle dir vor, du könntest dem Weihnachtsmann ein paar Fragen stellen. Welche Fragen hättest du?
- Schreibe die Fragen in die Sprechblasen.
- Lies deine Fragen einem anderen Kind vor und versucht gemeinsam, einige davon zu beantworten.

Wortarten zum Thema *Weihnachten*

Arbeitsauftrag
- Schneide die Kekse aus.
- Lies dir die Wörter auf den Keksen durch und überlege dir, zu welcher Wortart das Wort gehört.
- Klebe die Kekse in die richtige Keksdose.

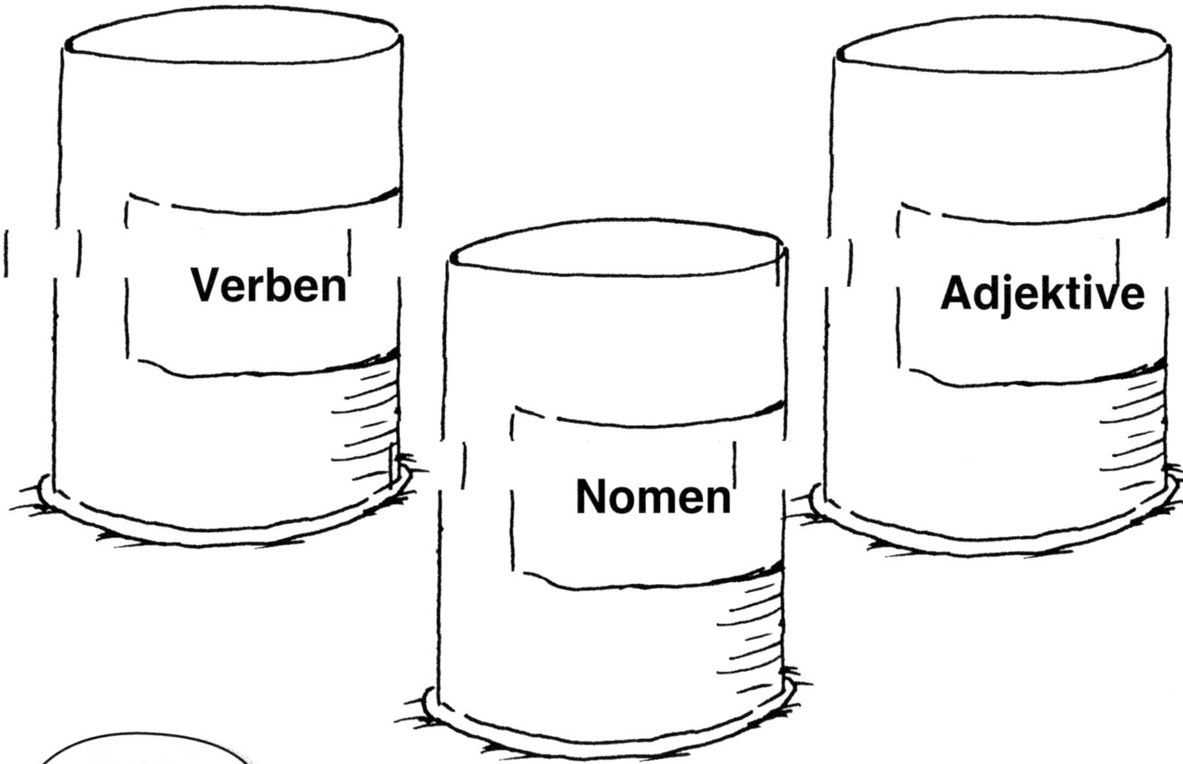

Verben **Nomen** **Adjektive**

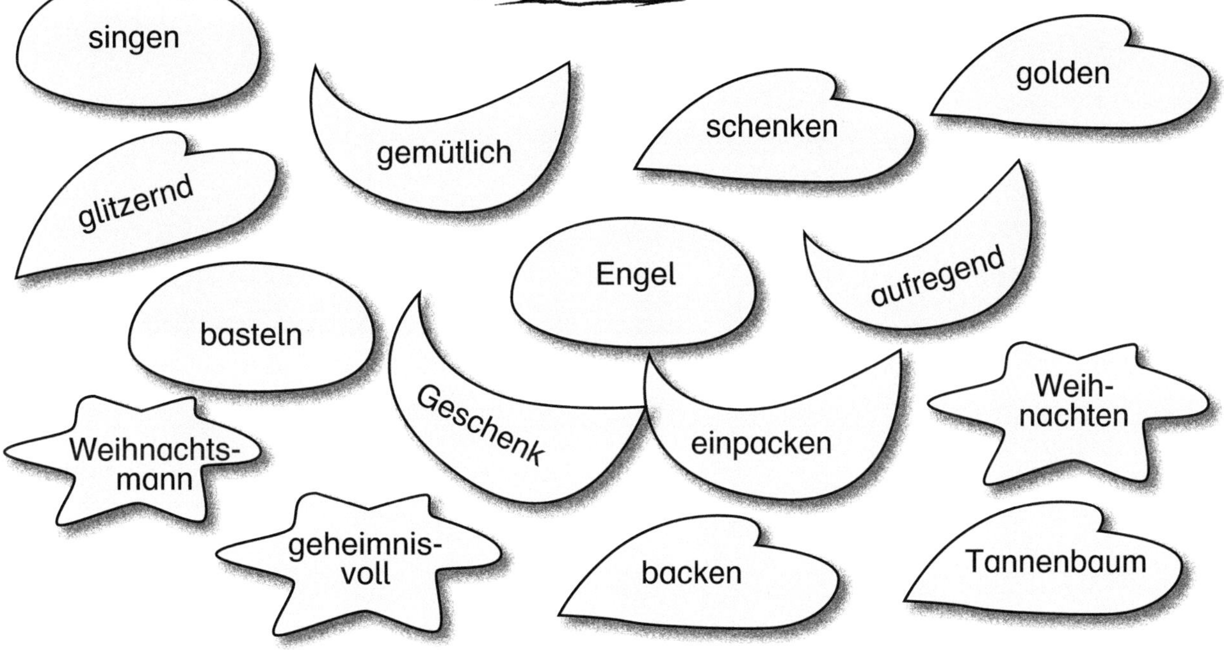

- singen
- glitzernd
- gemütlich
- schenken
- golden
- Engel
- aufregend
- basteln
- Geschenk
- einpacken
- Weihnachten
- Weihnachtsmann
- geheimnisvoll
- backen
- Tannenbaum

Zusammengesetzte Nomen zum Thema *Weihnachten*

Arbeitsauftrag
- Schneide die Sterne und Schweife aus.
- Bilde aus zwei Nomen ein zusammengesetztes Wort. Es gehören jeweils ein Stern und ein Schweif zusammen. Lege passende Wörter zusammen.
- Schreibe die Wörter auf.
- Manchmal musst du einige Nomen verändern und manchmal musst du ein „s" einfügen.

___

___

___

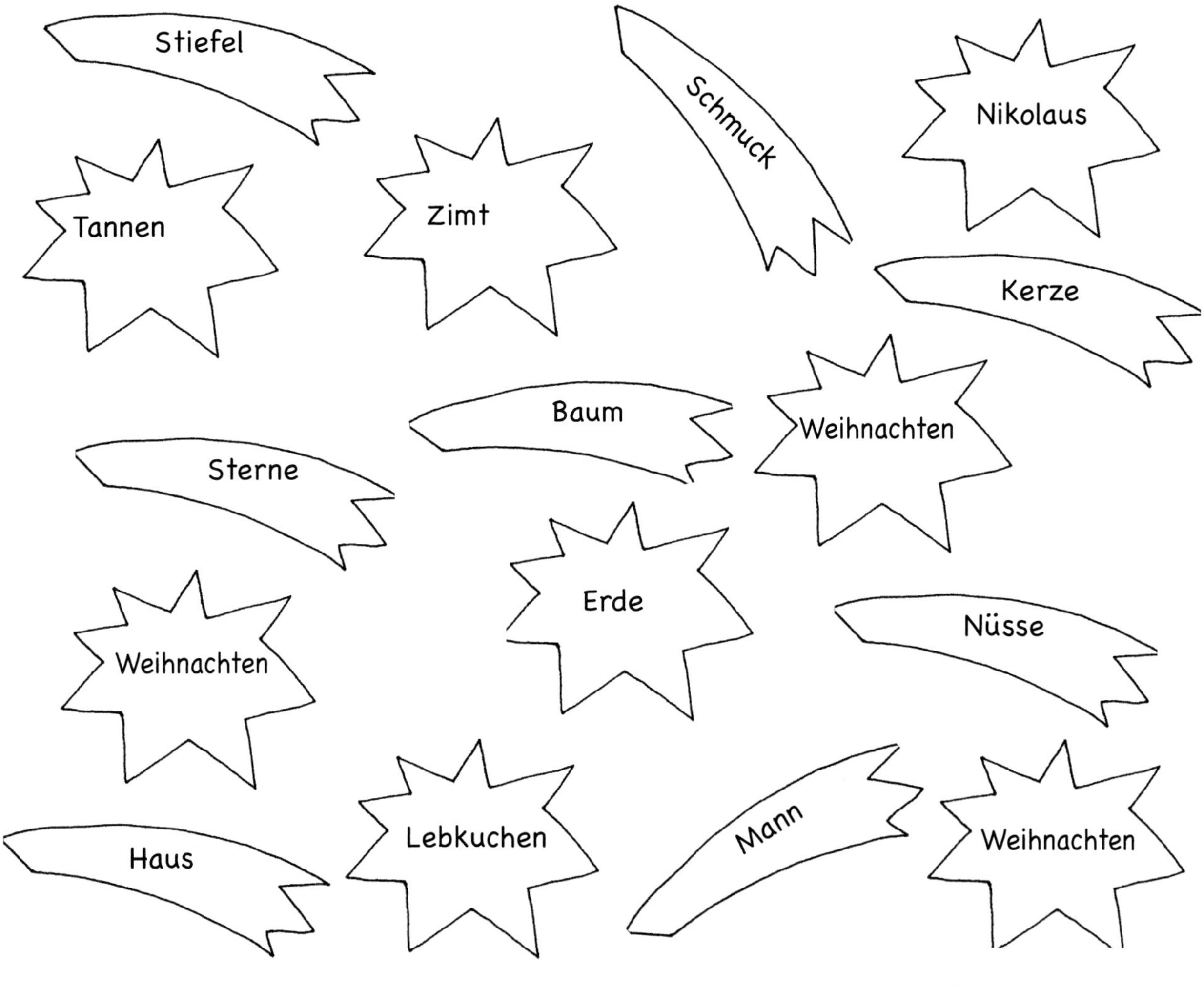

Sterne: Tannen, Zimt, Nikolaus, Weihnachten, Erde, Weihnachten, Lebkuchen, Weihnachten

Schweife: Stiefel, Schmuck, Kerze, Baum, Sterne, Nüsse, Haus, Mann

Weihnachts-Wort-Bild-Zuordnung

Arbeitsauftrag
- Kreuze das richtige Wort an.
- Kontrolliere mit der Lösung.

- ☐ Tapete
- ☐ Rakete
- ☐ Pakete

- ☐ Geld
- ☐ Geschirr
- ☐ Geschenk

- ☐ Loch
- ☐ Licht
- ☐ Lupe

- ☐ Weihnachtsfrau
- ☐ Weihnachtsmann
- ☐ Weihnachts-oma

- ☐ Tannenbaum
- ☐ Eiche
- ☐ Buche

© Persen Verlag

Weihnachts-Wort-Bild-Memory oder Wort-Bild-Schlange

Anfang	Keks
⭐ (Stern-Keks)	Tanne
🎄 (Tannenbaum)	Nikolaus
🎅 (Nikolaus)	Kerze
🕯 (Kerze)	Stern

	Paket
	Weihnachtsmann
	Kugel
	Ende

© Persen Verlag

Weihnachts-Wort-Bild-Memory

Arbeitsauftrag
Finde zu jedem Bild das passende Wort.

Anfang	Tannenbaum
🎄	Weihnachtsmann
🎅	Weihnachtskekse
🍪	Kinderpunsch
☕	Geschenke
🎁	Weihnachtsstern
⭐	Kirche

	Maria und Josef
	Knusperhaus
	Adventskranz
	Weihnachtsbriefe
	Schneemann
	Weihnachtsmarkt
	Wunschzettel
	Ende

Mein ABC der Weihnachtszeit

Arbeitsauftrag
Denke dir Wörter zur Weihnachtszeit zu allen Buchstaben des Alphabets aus. Schreibe sie auf.

A dventskranz_____   N _____

B _____   O _____

C _____   P _____

D _____   Q _____

E _____   R _____

F _____   S _____

G _____   T _____

H _____   U _____

I _____   V _____

J _____   W _____

K _____   X _____

L _____   Y _____

M _____   Z _____

Schreiben einer Weihnachts-Bildergeschichte

Arbeitsauftrag

Schaue dir die Bilder an und schreibe dazu eine Geschichte.

Bildergeschichte

Arbeitsauftrag
Schreibe zu den Bildern eine Geschichte.

Gedicht (1)

Ich wünsch mir

Ein Gedicht mit Reimwörtern versehen

Arbeitsauftrag
- Hier stimmt etwas nicht! Im Text fehlen einige Wörter.
- Ergänze die fehlenden Reimwörter. Du findest sie verstreut neben dem Gedicht.
- Kontrolliere mit der Lösung.

Ich wünsch mir

Ich wünsch mir eine Schaukel
und eine <u>Eisenbahn</u>.
Dazu noch eine Puppe,
die richtig sprechen kann.

Ich wünsch mir auch ein Fahrrad
und eine weiße _____.
Außerdem hätt' ich noch gern
ein neues Spielzeughaus.

Ich wünsch mir einen _____
mit vielen Tieren drin,
von dem ich ganz alleine
der Direktor bin.

Ich wünsch mir eine Mama
mit tausend Stunden Zeit
zum Basteln und zum Spielen,
wenn's draußen stürmt und _____.

Ich wünsch mir in der Schule
'nen kleinen Mann im _____.
Dann muss ich nicht mehr rechnen,
er sagt mir alles vor.

Ich weiß, dass manche Wünsche
nicht in Erfüllung gehn,
und wünsche trotzdem weiter,
denn Wünschen ist so _____.

Manfred Mai

schneit

schön

~~Eisenbahn~~

Maus

Zirkus

Ohr

Gedicht (1)

Kontrolle

Ich wünsch mir

Ich wünsch mir eine Schaukel
und eine **Eisenbahn**.
Dazu noch eine Puppe,
die richtig sprechen kann.

Ich wünsch mir auch ein Fahrrad
und eine weiße **Maus**.
Außerdem hätt' ich noch gern
ein neues Spielzeughaus.

Ich wünsch mir einen **Zirkus**
mit vielen Tieren drin,
von dem ich ganz alleine
der Direktor bin.

Ich wünsch mir eine Mama
mit tausend Stunden Zeit
zum Basteln und zum Spielen,
wenn's draußen stürmt und **schneit**.

Ich wünsch mir in der Schule
'nen kleinen Mann im **Ohr**.
Dann muss ich nicht mehr rechnen,
er sagt mir alles vor.

Ich weiß, dass manche Wünsche
nicht in Erfüllung gehn,
und wünsche trotzdem weiter,
denn Wünschen ist so **schön**.

Manfred Mai

Gedicht (1)

Ich wünsch mir

Malen zum Gedicht

Arbeitsauftrag
- Lies dir das Gedicht durch.
- Male zu jeder Strophe ein passendes Bild.

Ich wünsch mir

Ich wünsch mir eine Schaukel
und eine Eisenbahn.
Dazu noch eine Puppe,
die richtig sprechen kann.

Ich wünsch mir auch ein Fahrrad
und eine weiße Maus.
Außerdem hätt' ich noch gern
ein neues Spielzeughaus.

Ich wünsch mir einen Zirkus
mit vielen Tieren drin,
von dem ich ganz alleine
der Direktor bin.

Ich wünsch mir eine Mama
mit tausend Stunden Zeit
zum Basteln und zum Spielen,
wenn's draußen stürmt und schneit.

Ich wünsch mir in der Schule
'nen kleinen Mann im Ohr.
Dann muss ich nicht mehr rechnen,
er sagt mir alles vor.

Ich weiß, dass manche Wünsche
nicht in Erfüllung gehn,
und wünsche trotzdem weiter,
denn Wünschen ist so schön.

Manfred Mai

Gedicht (2)

Denkt euch ...

Ein Gedicht wiederherstellen

Arbeitsauftrag
- Dieses Gedicht ist durcheinandergeraten. Kannst du es wieder zusammenfügen?
- Schneide die Zeilen aus.
- Lege die Zeilen so wieder zusammen, wie du es für richtig hältst.
- Kontrolliere mit dem Kontrolltext.

Es roch so nach Äpfeln und Nüssen.

Zugebunden bis oben hin!

schleppte und polterte hinter ihm her –

Denkt euch – ich habe das Christkind gesehen!

denn es trug einen Sack, der war gar schwer,

Es kam aus dem Walde, das Mützchen voll Schnee,

Denkt euch ...

mit rot gefrorenem Näschen.

Die kleinen Hände taten ihm weh;

meint ihr, er wäre offen, der Sack?

| was drin war, möchtet ihr wissen? |

| Anna Ritter | | Ihr Naseweise, ihr Schelmenpack – |

| Doch war gewiss etwas Schönes drin: |

Kontrolltext

Denkt euch…

Denkt euch – ich habe das Christkind gesehen!
Es kam aus dem Walde, das Mützchen voll Schnee,
mit rot gefrorenem Näschen.
Die kleinen Hände taten ihm weh;
denn es trug einen Sack, der war gar schwer,
schleppte und polterte hinter ihm her –
was drin war, möchtet ihr wissen?
Ihr Naseweise, ihr Schelmenpack –
meint ihr, er wäre offen, der Sack?
Zugebunden bis oben hin!
Doch war gewiss etwas Schönes drin:
Es roch so nach Äpfeln und Nüssen.

Anna Ritter

Gedicht (3)

Im Weihnachtswichtelwald

Ein Gedicht wiederherstellen (Strophen)

Arbeitsauftrag
- Hier haben die Wichtel zu wenig aufgepasst: Die Strophen des Gedichts sind durcheinandergeraten.
- Kannst du die Strophen wieder in eine Reihenfolge bringen? Es gibt dabei keine richtige Reihenfolge. Der Anfang und der Schluss sind markiert.
- Vergleiche dein Ergebnis mit einer möglichen Lösung. Was stellst du fest?

Sie koppeln die Wagen wieder an,
schon fährt die elektrische Eisenbahn.

Im Weihnachtswichtelwald

Sie singen Lieder auf Kassetten
und stopfen fleißig die Puppenbetten.

Die Krippe Maria und Josef schaut,
die haben sie auf dem Tisch aufgebaut!

Sie nähen und sticken die Röcke, die Kleider,
sie sind die fleißigen Puppenschneider.

Es dauert nicht mehr lange, es ist schon ganz bald,
dann kommen die Wichtel aus dem Weihnachtswald.

Sie schrauben dem Flugzeug die Räder an
und schaffen's, dass der Roboter sprechen kann.

Tief im Wald bei Has' und Maus,
steht das kleine Wichtelhaus.

Sie holen die Mandeln und Rosinen,
die Honigwaben von den Bienen.
Sie sind die fleißigen Kuchenbäcker,
bald duftet 's im Haus ganz lecker.

38

© Persen Verlag

Niemand kann sich mit diesen vergleichen,
sie sind so wichtig, sie stellen die Weichen.

Kommt her zum Fenster und seht es euch an,
was so ein Wichtel alles kann.

Sie schleppen Farben und Pinsel heran
und malen Kaspar und Gretel an.

Und seht nur hier hinten in der Ecke,
hier sitzt ein Wichtel mit warmer Decke
und schneidet und klebt die roten Herzen,
daneben gießt einer duftende Kerzen.

Sie wichteln dir deine Wünsche ins Haus,
das Auto, die Puppe und auch die Stoffmaus.

So, nun habt ihr genug geseh'n,
jetzt müsst ihr wieder nach Hause geh'n.

Sie schneiden die Königskrone aus
und backen ein Pfefferkuchenhaus.

Sie nähen dem Kasper die rote Mütze,
mit langer Bommel und bunter Litze.

Gedicht (3)

Kontrolle

Im Weihnachtswichtelwald

Tief im Wald bei Has' und Maus,
steht das kleine Wichtelhaus.

Kommt her zum Fenster und seht es euch an,
Was so ein Wichtel alles kann.

Sie schleppen Farben und Pinsel heran
und malen Kaspar und Gretel an.

Sie holen die Mandeln und Rosinen,
die Honigwaben von den Bienen.
Sie sind die fleißigen Kuchenbäcker,
bald duftet's im Haus ganz lecker.

Sie nähen und sticken die Röcke, die Kleider,
sie sind die fleißigen Puppenschneider.

Niemand kann sich mit diesen vergleichen,
sie sind so wichtig, sie stellen die Weichen.

Sie koppeln die Wagen wieder an,
schon fährt die elektrische Eisenbahn.

Sie singen Lieder auf Kassetten
und stopfen fleißig die Puppenbetten.

Sie nähen dem Kasper die rote Mütze,
mit langer Bommel und bunter Litze.

Sie schneiden die Königskrone aus
und backen ein Pfefferkuchenhaus.

Sie schrauben dem Flugzeug die Räder an
und schaffen's, dass der Roboter sprechen kann.

Und seht nur hier hinten in der Ecke,
hier sitzt ein Wichtel mit warmer Decke
und schneidet und klebt die roten Herzen,
daneben gießt einer duftende Kerzen.

Die Krippe, Maria und Josef schaut,
die haben sie auf dem Tisch aufgebaut!

So, nun habt ihr genug geseh'n,
jetzt müsst ihr wieder nach Hause geh'n.

Es dauert nicht mehr lange, es ist schon ganz bald,
dann kommen die Wichtel aus dem Weihnachtswald.

Sie wichteln dir deine Wünsche ins Haus,
das Auto, die Puppe und auch die Stoffmaus.

Gedicht (3)

Im Weihnachtswichtelwald

Bilder zum Gedicht finden

Arbeitsauftrag
- Schneide die Wichtelbilder aus und klebe sie zum richtigen Text.
- Kontrolliere anschließend mit der Lösung.

Im Weihnachtswichtelwald

Tief im Wald bei Has' und Maus,
steht das kleine Wichtelhaus.
Kommt her zum Fenster und sehr es euch an,
was so ein Wichtel alles kann.
Sie schleppen Farben und Pinsel heran
und malen Kaspar und Gretel an.

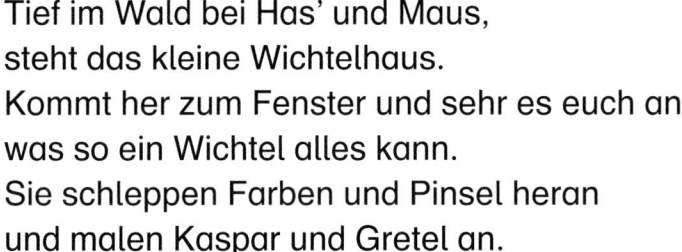

Sie holen die Mandeln und Rosinen,
die Honigwaben von den Bienen.
Sie sind die fleißigen Kuchenbäcker,
bald duftet's im Haus ganz lecker.

Sie nähen und sticken die Röcke, die Kleider,
sie sind die fleißigen Puppenschneider.
Niemand kann sich mit diesen vergleichen,
sie sind so wichtig, sie stellen die Weichen.

Sie koppeln die Wagen wieder an,
schon fährt die elektrische Eisenbahn.

Sie singen Lieder auf Kassetten
und stopfen fleißig die Puppenbetten.

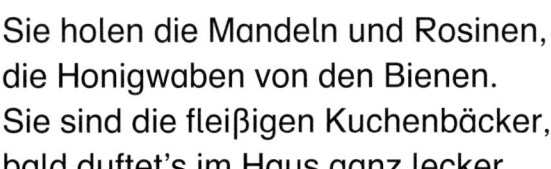

© Persen Verlag

Sie nähen dem Kasper die rote Mütze,
mit langer Bommel und bunter Litze.
Sie schneiden die Königskrone aus
und backen ein Pfefferkuchenhaus.

Sie schrauben dem Flugzeug die Räder an
und schaffen's, dass der Roboter sprechen kann.

Und seht nur hier hinten in der Ecke,
hier sitzt ein Wichtel mit warmer Decke
und schneidet und klebt die roten Herzen,
daneben gießt einer duftende Kerzen.

Die Krippe, Maria und Josef schaut,
die haben sie auf dem Tisch aufgebaut!
So, nun habt ihr genug geseh'n,
jetzt müsst ihr wieder nach Hause geh'n.
Es dauert nicht mehr lange, es ist schon ganz bald,
dann kommen die Wichtel aus dem Weihnachtswald.
Sie wichteln dir deine Wünsche ins Haus,
das Auto, die Puppe und auch die Stoffmaus.

Ein Weihnachts-Elfchen schreiben

Arbeitsauftrag
- Schreibe ein Elfchen zum Thema „Weihnachten".
  Elfchen sind kleine Gedichte die nur aus 11 Wörtern bestehen.
- Schau dir dafür die Bauform und das Beispiel-Elfchen genau an.
- Versuche nun, dein eigenes Gedicht zu entwerfen.
- Lies dein Elfchen mindestens 2 Kindern vor und überarbeite es, wenn es nötig ist.
- Male ein Bild zu deinem Elfchen.

Die Bauform eines Elfchens:

1. Zeile: Eine Farbe oder Eigenschaft
   1 Wort

   Ruhig

2. Zeile: Ein Namenwort mit dieser
   Farbe oder Eigenschaft
   2 Wörter

   Die Weihnachtszeit

3. Zeile: Mehr über dieses Namenwort,
   was es ist oder was es tut
   3 Wörter

   Alles schön geschmückt

4. Zeile: Etwas über sich selbst,
   beginnend mit „Ich"
   4 Wörter

   Ich fühle mich wohl

5. Zeile: Abschlusswort
   1 Wort

   Weihnachten

© Persen Verlag

Mein Weihnachts-Elfchen

_____

_____ _____

_____ _____ _____

_____ _____ _____ _____

_____

Ein Weihnachts-Akrostichon schreiben

Arbeitsauftrag
- Lies dir das Gedicht durch.

G anz kurz können sie sein

E igentlich lese ich sie gerne

D ichter geben in ihnen ihre Gedanken wieder

I ch fühle ihre Stimmungen

C hancen, sie zu verstehen, haben wir genug

H auptsache, wir zerreden sie nicht

T räume werden sonst zerstört

- Dieses Gedicht wird Akrostichon genannt.
- Suche dir für das Schreiben dieses Gedichts ein Weihnachts-Wort, dessen Buchstaben du untereinander aufschreibst.
  Die Buchstaben geben den Anfang eines neuen Wortes oder Satzes.
- Lies dein Gedicht einem Partner vor.

Weihnachts-Rechenpuzzle (I)

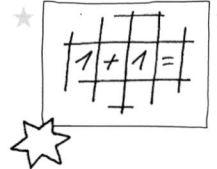

Arbeitsauftrag
- Löse die Aufgaben in den Kästchen. Weißt du das Ergebnis?
- Schneide das Bild mit dem richtigen Ergebnis aus und klebe es auf die Aufgabe.
- Du hast alles richtig gemacht, wenn alle kleinen Bilder ein großes ergeben.

6 − 6	5 − 4	+ 2 = 4	10 − 7
6 = 10 −	9 = 4 +	10 − 4	2 + 5
4 + 4	3 + 6	6 + 4	10 + 1

Weihnachtsbild mit Ergebnis:

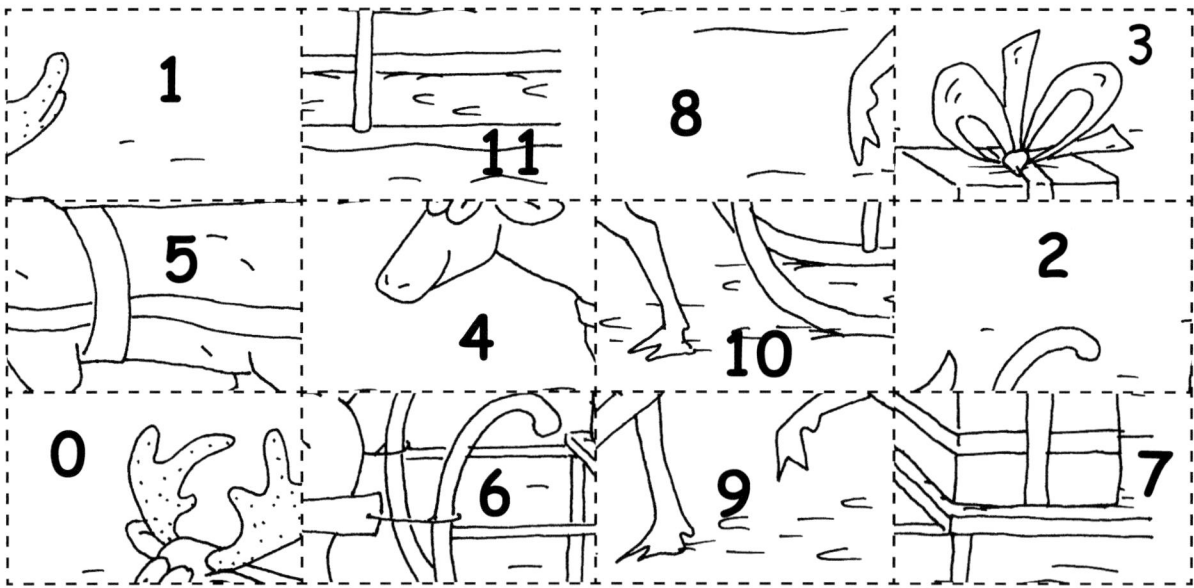

Weihnachts-Rechenpuzzle (II)

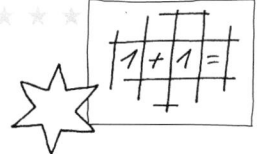

Arbeitsauftrag
- Löse die Aufgaben in den Kästchen. Weißt du das Ergebnis?
- Schneide das Bild mit dem richtigen Ergebnis aus und klebe es auf die Aufgabe.
- Du hast alles richtig gemacht, wenn alle kleinen Bilder ein großes ergeben.

Auf dem Weihnachtsmarkt stehen 23 Buden. Du konntest dir 12 ansehen. Wie viele hast du nicht gesehen?	Du hast 43 Plätzchen gebacken. 20 Plätzchen hat dein Bruder gleich vernascht. Wie viele Plätzchen bleiben für dich?	Im Bus zum Weihnachtstheater sind 25 Personen. 7 Personen steigen ein. Wie viele Personen sind es jetzt?	Julia möchte ihrer Mutter zu Weihnachten eine Kette für 17 € und einen Anhänger für 5 € schenken. 24 € hat sie. Wie viel Geld bleibt übrig?
Maik hat 34 €. Er will Geschenke für 12 € und 23 € einkaufen. Reicht sein Geld?	Du hast 25 €. Du möchtest folgende Geschenke kaufen: Ein Buch für 11 €, Socken für 3 € und ein Spiel für 11 €. Reicht dein Geld?	Hendrik zählt Weihnachtskugeln. Er kommt auf 22. In einer weiteren Packung sind noch einmal 9 Kugeln. Wie viele Kugeln sind es insgesamt?	Du musst insgesamt 11 Weihnachtskarten schreiben. 5 hast du schon fertig. Wie viele musst du noch schreiben?

Weihnachtsbild mit Ergebnis:

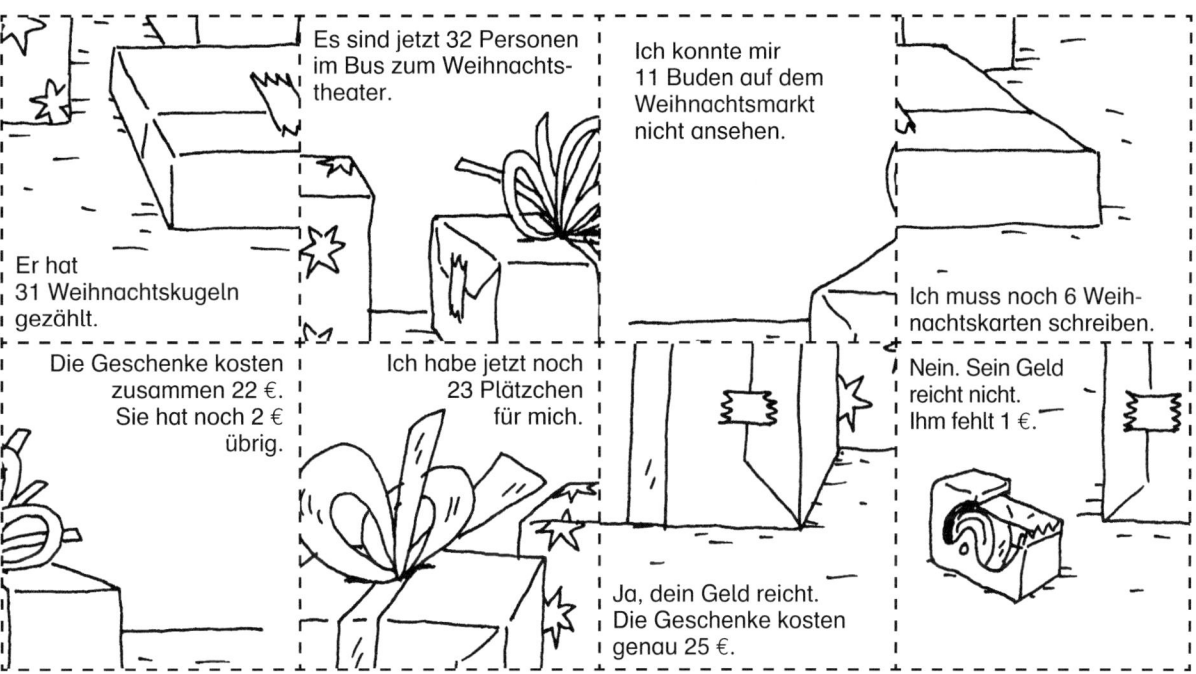

Weihnachts-Faltsterne

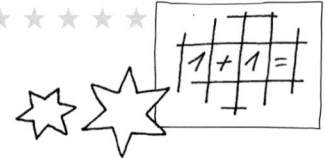

Arbeitsanweisung
- Nimm dir ein Quadrat und einen Kreis.
- Falte sie jeweils dreimal in der Mitte.

- Schneide die entstandenen Tüten so ab, dass ein Stern entsteht, wenn du die Tüte wieder aufklappst.
- Wenn du möchtest, kannst du bei den nächsten Sternen auch mehrere Schnitte machen. Probiere es doch einmal aus.

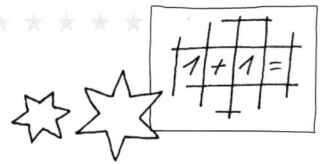

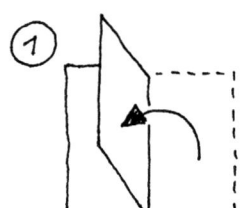  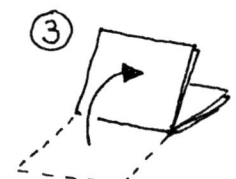 

Einkaufen auf dem Weihnachtsmarkt

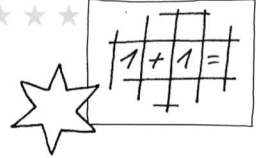

Arbeitsauftrag:
- Tom, Laura, Sara und Timo gehen auf den Weihnachtsmarkt.
  Tom hat 5 € im Portemonnaie, Laura 8 €, Sara 10 € und Timo 7 €.
- Schaue dir an, was die Kinder kaufen wollen und überlege,
  ob das Geld reicht.

Weitere Aufgaben:
- Wie viel Geld geben Laura und Timo zusammen aus?
- Was würdest du gern kaufen?
  Schreibe es hier auf: _____
  Rechne aus, was du bezahlen musst.
- Finde noch weitere Aufgaben.

Spiegeln mit Weihnachtssymbolen (I)

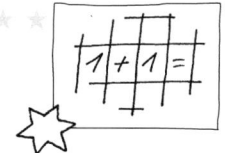

Arbeitsauftrag
- Deiner Mama ist die Kiste mit dem Tannenbaumschmuck heruntergefallen. Einige Stücke sind zerbrochen.
- Überlege dir, wie du den Spiegel anlegen musst, um sie zu reparieren.
- Zeichne ein, wo du den Spiegel angelegt hast.

Spiegeln mit Weihnachtssymbolen (II)

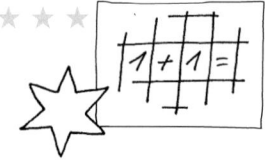

Arbeitsauftrag
- Deiner Mama ist die Kiste mit dem Tannenbaumschmuck heruntergefallen. Einige Stücke sind zerbrochen.
- Zeichne die Spiegelbilder, damit der Tannenbaumschmuck wieder repariert wird.

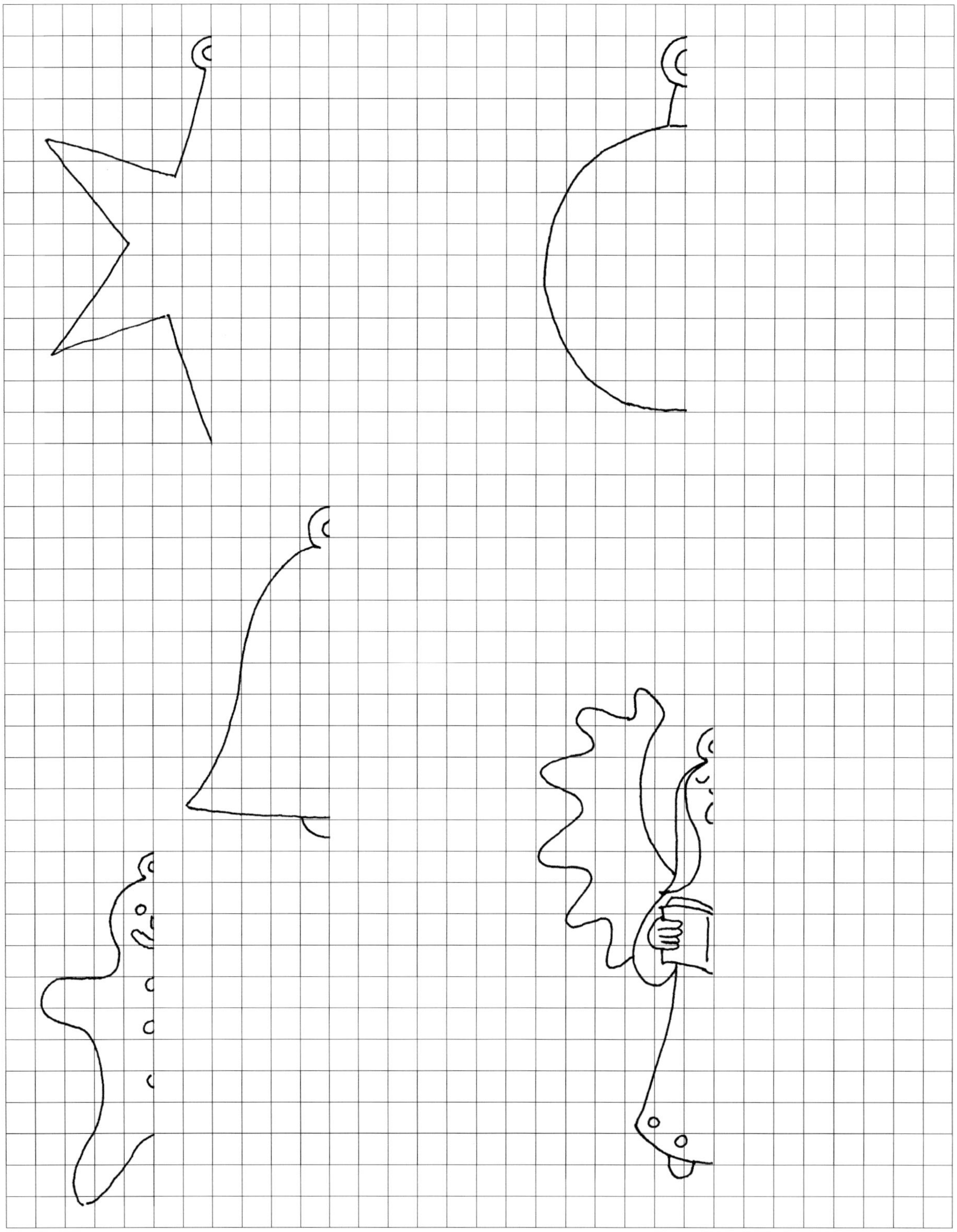

Magische Weihnachtssterne (I)

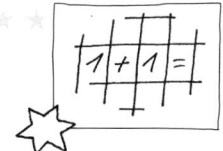

Arbeitsauftrag
- Immer 9!
- Fülle die Lücken.
- Erfinde selbst magische Weihnachtssterne.

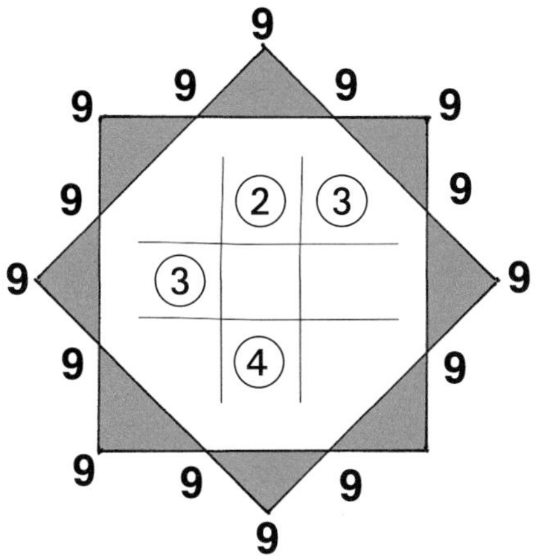

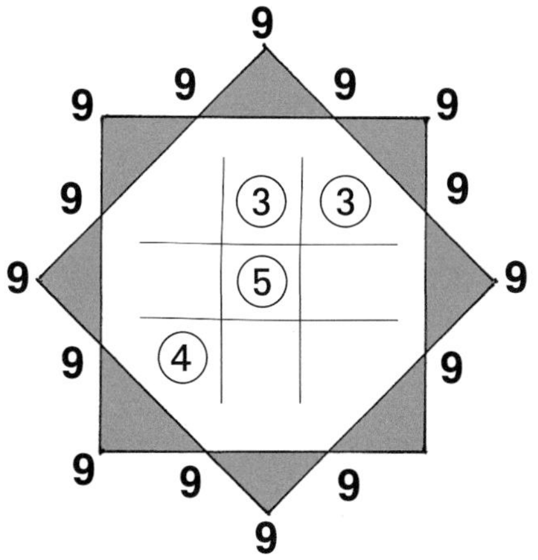

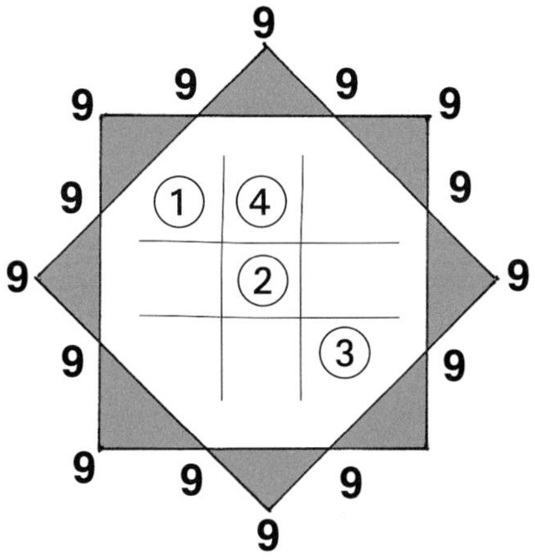

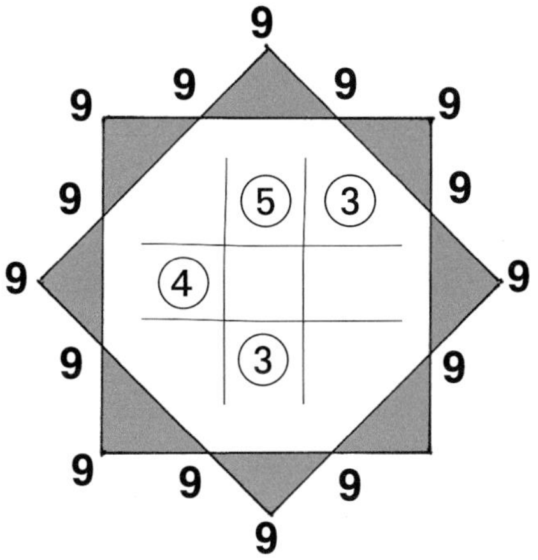

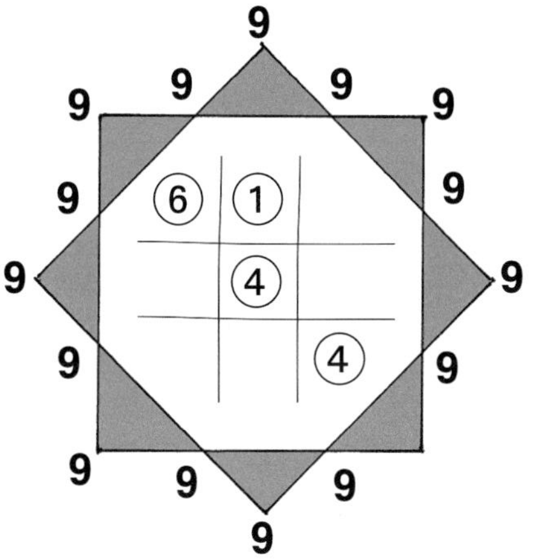

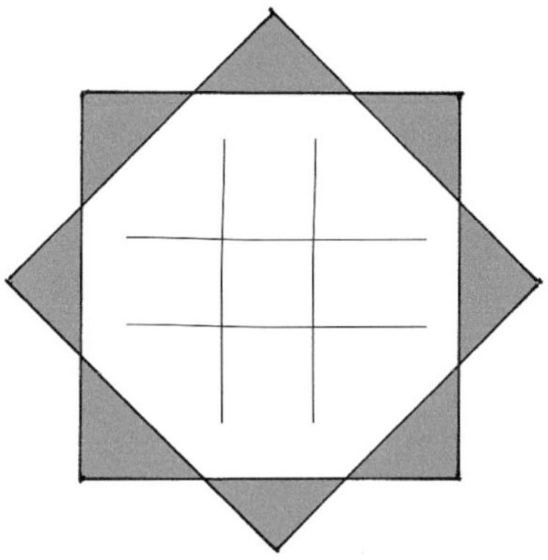

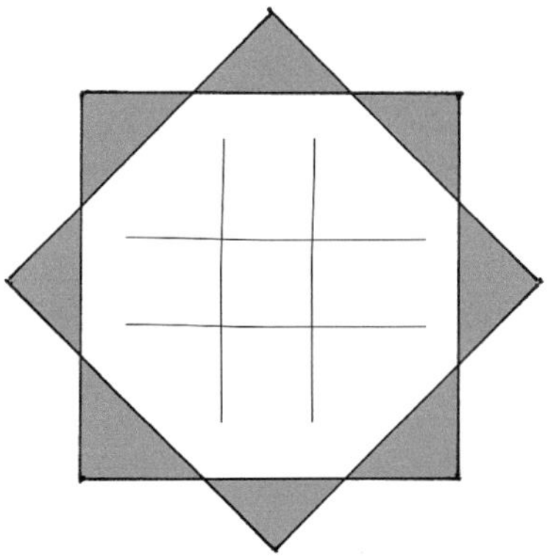

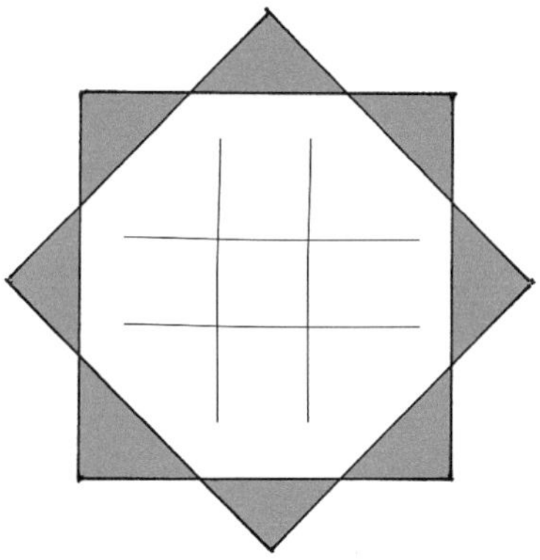

Magische Weihnachtssterne (II)

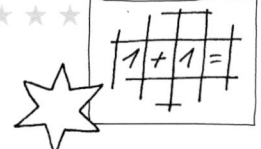

Arbeitsauftrag
- Immer 18!
- Fülle die Lücken.
- Erfinde selbst magische Weihnachtssterne.

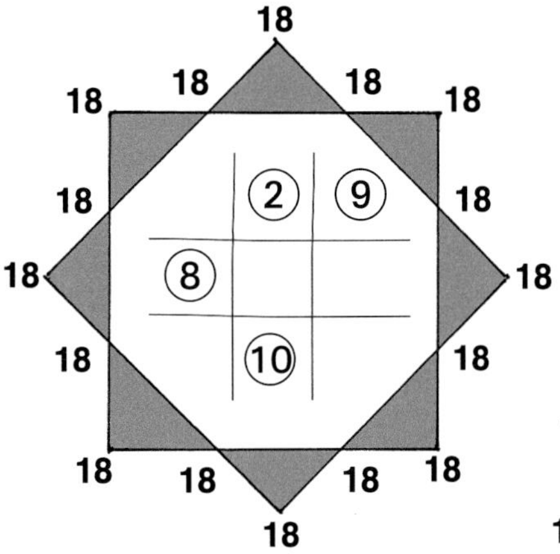

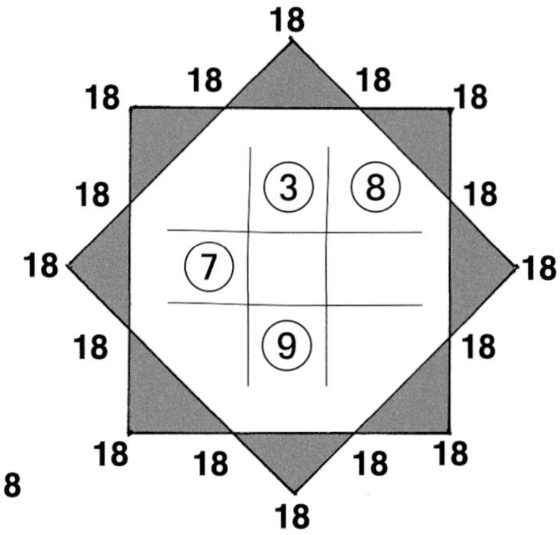

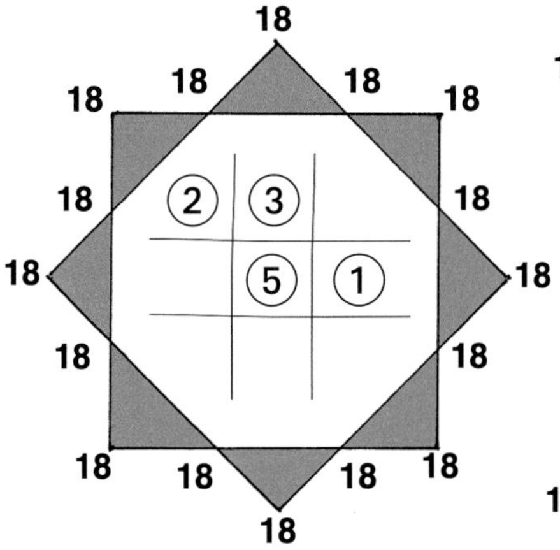

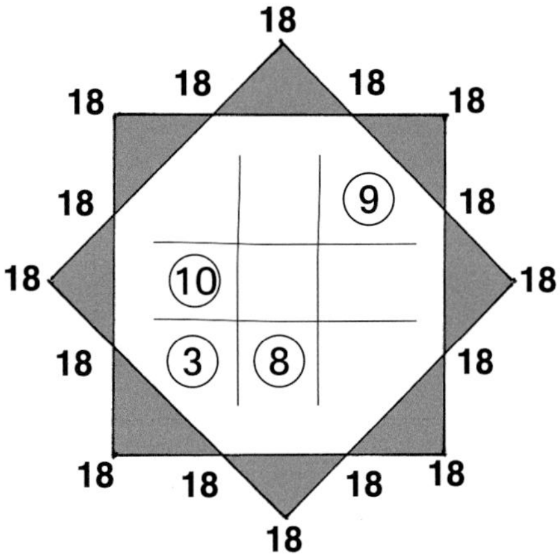

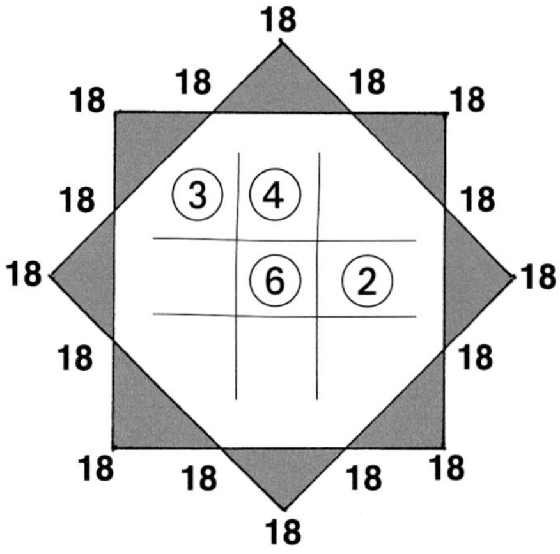

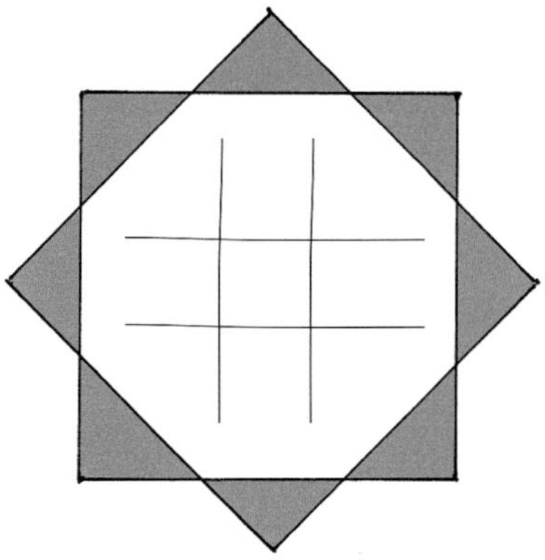

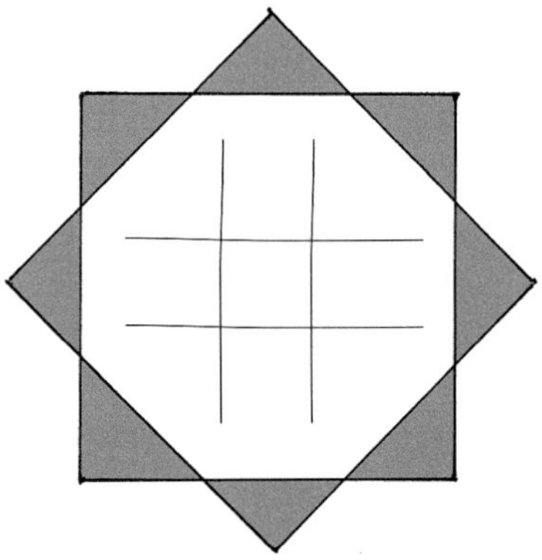

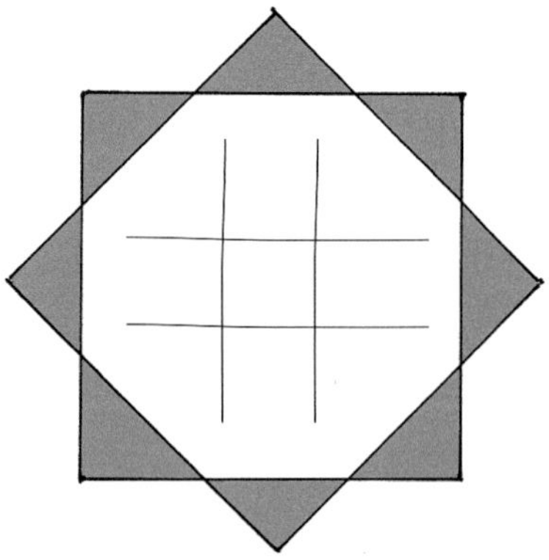

Thema *Zucker* – Für Detektive und Forscher

Vorschlag für den Einstieg ins Thema *Zucker*

Lesen Sie die folgende kleine Geschichte den Schülern vor. Am Ende sollen sie Vermutungen anstellen, warum die Mutter weiß, dass in der Küche gekleckert wurde.

Mama weiß alles

Paul und Mira basteln zusammen Weihnachtsgeschenke für ihre Eltern. Nach einer Weile haben sie Durst. Sie gehen in die Küche und gießen sich Limonade ein. Dabei passiert Mira ein Missgeschick. Die Brause rast mit so viel Schwung aus der Flasche ins Glas, dass Mira kleckert und sich eine kleine Pfütze Limonade auf den Fliesen des Küchenfußbodens bildet. Die Kinder sehen sich die Pfütze an. Mira will einen Lappen holen und die Limonade aufwischen, aber Paul sagt: „Nein, das brauchst du nicht, die Limonade ist farblos, die Pfütze wird trocknen und dann sieht man nichts mehr. Die Arbeit können wir uns sparen. Komm, wir müssen heute mit den Geschenken fertig werden." Als Mira gegangen ist und Mama in der Küche das Abendbrot macht, ruft sie plötzlich: „Wer hat denn hier etwas verschüttet?" Donnerwetter! Paul wundert sich. Wie konnte Mama das schon wieder herausbekommen haben. Vorsorglich geht Paul in die Küche und schaut auf die Stelle, wo die Limonade hingelaufen war. Doch beim besten Willen kann er nichts erkennen.

Versuch mit Zucker

Frage:
Woran erkannte die Mutter, dass etwas verschüttet wurde?

Schreibe deine Vermutung auf.

_____

_____

_____

Materialien:
eine kleine, flache Schale, etwas Limonade, eine Uhr

Durchführung:
1. Gieße einen kleinen Schluck Zitronenlimonade in eine flache, kleine Schale.
2. Stelle die Schale auf die Heizung, damit du nicht so lange warten musst, bis die Limonade getrocknet ist.
3. Schaue nach einer Stunde nach, ob es irgendeinen Hinweis gibt, dass in der Schale Limonade war.

Beobachtung:
Schreibe deine Beobachtung auf.

_____

_____

Lösung:
Zuckerwasser klebt, wenn es trocken ist. Pauls Mutter merkte, dass der Fußboden an einer Stelle klebte.

Rezepte mit Zucker

Besonders gut klebt Zucker, wenn er erhitzt wird. Diese wunderbare Eigenschaft von Zucker kannst du bei einem Spaziergang über den Weihnachtsmarkt feststellen. Gebrannte Mandeln haben einen richtiges „Zuckerkleid" um sich herum und Liebesäpfel sind ganz und gar in einen „Zuckermantel" gehüllt.

Wenn du einen Erwachsenen findest, der dir hilft, kannst du dir Süßes aus Zucker selbst herstellen.

Gebrannte Mandeln

Zutaten:
400 g Mandeln
400 g Zucker
1 Päckchen Vanillezucker
1 Teelöffel Zimt
1 Tasse Wasser

Alles in einen Topf geben und zum Kochen bringen. Ab und zu umrühren. Sobald das Wasser verschwunden ist, kräftig weiterrühren. Achtung, das ist sehr anstrengend! Den Topf gelegentlich von der Herdplatte ziehen, damit die Zuckermasse nicht anbrennt. Sobald sich die Zuckermasse gleichmäßig um die Mandeln gelegt hat, die heißen Mandeln auf ein Blech zum Trocknen legen.

Rote Liebesäpfel

Zutaten:
  6 kleine rote Äpfel
550 g Zucker
  70 ml Wasser
  2 Teelöffel weißer Essig
eventuell 1 Teelöffel rote Lebensmittelfarbe

Vorbereitung:
Spieße 6 Äpfel auf Schaschlikstäbe. Gieße ein wenig Öl auf eine Fläche Alufolie. Die fertigen Äpfel müssen später auf der geölten Alufolie abkühlen.

Zubereitung:
Zucker, Wasser, Essig und eventuell rote Lebensmittelfarbe aufkochen, bis ein zähflüssiger Sirup entsteht. Um zu testen, ob die Zuckermasse fertig ist, musst du einen Löffel mit der Zuckermasse in kaltes Wasser tauchen. Wird die Masse hart, musst du den Topf schnell vom Herd ziehen, damit der Sirup nicht anbrennt. Dann tauchst du die aufgespießten Äpfel in die heiße Masse und legst sie zum Abkühlen auf die geölte Alufolie.

Bonbons

Zutaten:
  5 Esslöffel Apfelessig
10 Esslöffel Zucker

Vorbereitung:
Fülle drei bis vier Teller mit Zucker. Drücke mit deinem Finger kleine Löcher in den Zucker aber bitte nicht so tief, dass der Teller zu sehen ist. (Sonst kleben die Bonbon später am Teller und lassen sich nicht gut lösen.) In die Zuckerlöcher gießt du später die Bonbonmasse.

Zubereitung:
Den Zucker zum Apfelessig in einen Topf geben und die Masse erhitzen. Dabei musst du ab und zu umrühren. Achtung! Die Bonbonmasse kann im Topf anbrennen, wenn es zu heiß ist. Um zu testen, ob die Zuckermasse fertig ist, musst du einen Löffel mit der Zuckermasse in kaltes Wasser tauchen. Wird die Masse hart, kannst du sie in die vorbereiteten Zuckerlöcher gießen. Benutze dazu einen Löffel. Dort müssen die Bonbons abkühlen.

Ein Stationslauf zum Thema *Sinne*

Erläuterungen zum Thema „Sinne"

Ein Stationslauf:
1. Riechdöschen
2. Weihnachtspäckchen zum Fühlen
3. Klangspiel
4. Was schmeckst du?
5. Ich sehe was, was du nicht siehst …

Riechdöschen:
Füllen Sie in leere Filmröllchen Weihnachtsdüfte z. B. Lebkuchen (etwas zerkrümeln, dann riecht er intensiver), Zimt, Tannenzweige, Mandarinenschale etc. Zwei Kinder arbeiten zusammen, ein Kind hält die Augen geschlossen, ein anderes öffnet die Döschen und lässt das Kind mit den geschlossenen Augen raten. Dann wird gewechselt.

Weihnachtspäckchen zum Fühlen:
Legen sie in zwei Schuhkartons „weihnachtliche Gegenstände" wie z. B. einen Stern, einen Engel, einen Weihnachtsmann, ein Keksausstechförmchen, eine Kerze, einen Tannenzweig, Geschenkband etc. Wenn Sie das Spiel besonders weihnachtlich haben möchten, könnte man die Kartons mit Weihnachtspapier bekleben. Ein Kind fühlt mit geschlossenen Augen, was sich in einem der Schuhkartons befindet und nennt die Gegenstände. Das andere Kind kontrolliert und darf als nächster den Inhalt des zweiten Päckchens erfühlen.

Klangspiel:
An dieser Station sollte die Lehrperson sitzen und den ratenden Kindern, deren Augen geschlossen sind, Geräusche vorspielen. Beispiele: ein Streichholz anzünden, mit einer Flöte spielen, ein Glöckchen läuten, mit Geschenkpapier rascheln, Tesafilm abreißen, Tee eingießen, Kekse knabbern etc.

Was schmeckst du?
In Plastikschalen liegen verdeckt verschiedene Lebensmittel, z. B. Lebkuchen, Mandarinen, Äpfel, Rosinen, Mandeln oder Nüsse, Honig etc. Ein Kind gibt dem Kind, welches die Augen geschlossen hält, Kostproben und lässt das Kind raten. Dann wird gewechselt. Achtung!!! Zuvor sollte man in der Klasse klären, ob bei einzelnen Kindern eine Unverträglichkeit gegenüber verschiedenen Lebensmitteln vorliegt.

„Ich sehe was, was du nicht siehst"
Die Kinder spielen zu zweit das Ratespiel: „Ich sehe etwas Weihnachtliches, was du nicht siehst" Dabei dürfen nur Gegenstände erwählt werden, die etwas mit Weihnachten zu tun haben.

Unsere Sinnesorgane

Arbeitsauftrag

Verbinde die Bilder mit dem richtigen Sinnesorgan. Einige Bilder passen zu mehreren Sinnesorganen.

Ein Vorschlag zum Einstieg in das Thema *Advent*

Erläuterungen zum Thema *Advent*

In die Stuhlkreismitte wird ein großer Reifen (z. B. ein Hula-Hoop-Reifen aus der Turnhalle oder ein Springseil) gelegt. Ein Korb mit Tannenzweigen wandert im Kreis herum und jedes Kind legt einen Zweig auf den Reifen. Anschließend werden die vier Kerzen auf den Kranz gestellt und die Schüler äußern sich zum entstandenen Adventskranz.

Dann kann die Geschichte „Der Adventskranz" vorgelesen und besprochen und das Arbeitsblatt „Adventskranz" bearbeitet werden.

In der folgenden Stunde könnte der gelegte bzw. ein in der Klasse vorhandener Adventskranz oder die Arbeitsblätter der Kinder als Medium zur Wiederholung des Themas der letzten Stunde dienen. Das Thema „Licht in der Dunkelheit" und „Wir warten auf Jesus Christus – das Licht der Welt" könnte angeschlossen werden, indem Sie mit Ihren Schülern eine Lichtmeditation durchführen. Dafür werden Strahlen aus Pappe ausgeschnitten, die, wenn sie auf dem Fußboden zusammengelegt werden, einen Stern ergeben (siehe Zeichnung). Auf diese Strahlen werden Teelichter geklebt. Die Kinder sitzen im Stuhlkreis und jedes Kind legt seinen Strahl vor sich auf den Fußboden. Die Schülerinnen und Schüler sollen sich nun überlegen, weswegen ihr Licht leuchten soll. Beispiele: „Mein Licht soll leuchten für meine kranke Oma", „Mein Licht soll leuchten für Menschen, denen es nicht so gut geht."

Die Kinder legen der Reihe nach die Strahlen in der Mitte zu einem Stern zusammen. Dabei könnten sie leise Entspannungsmusik hören.

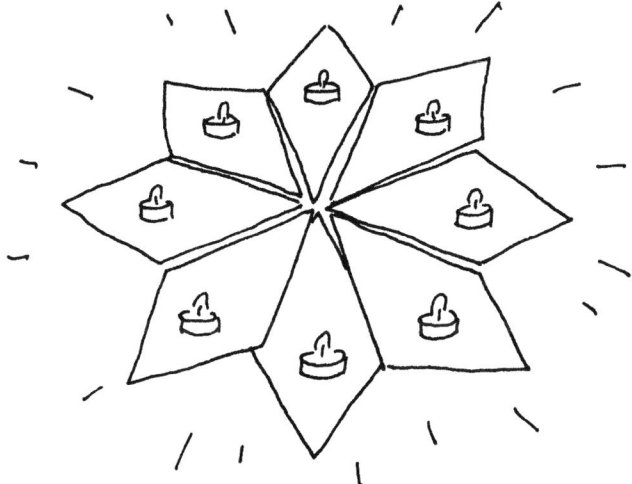

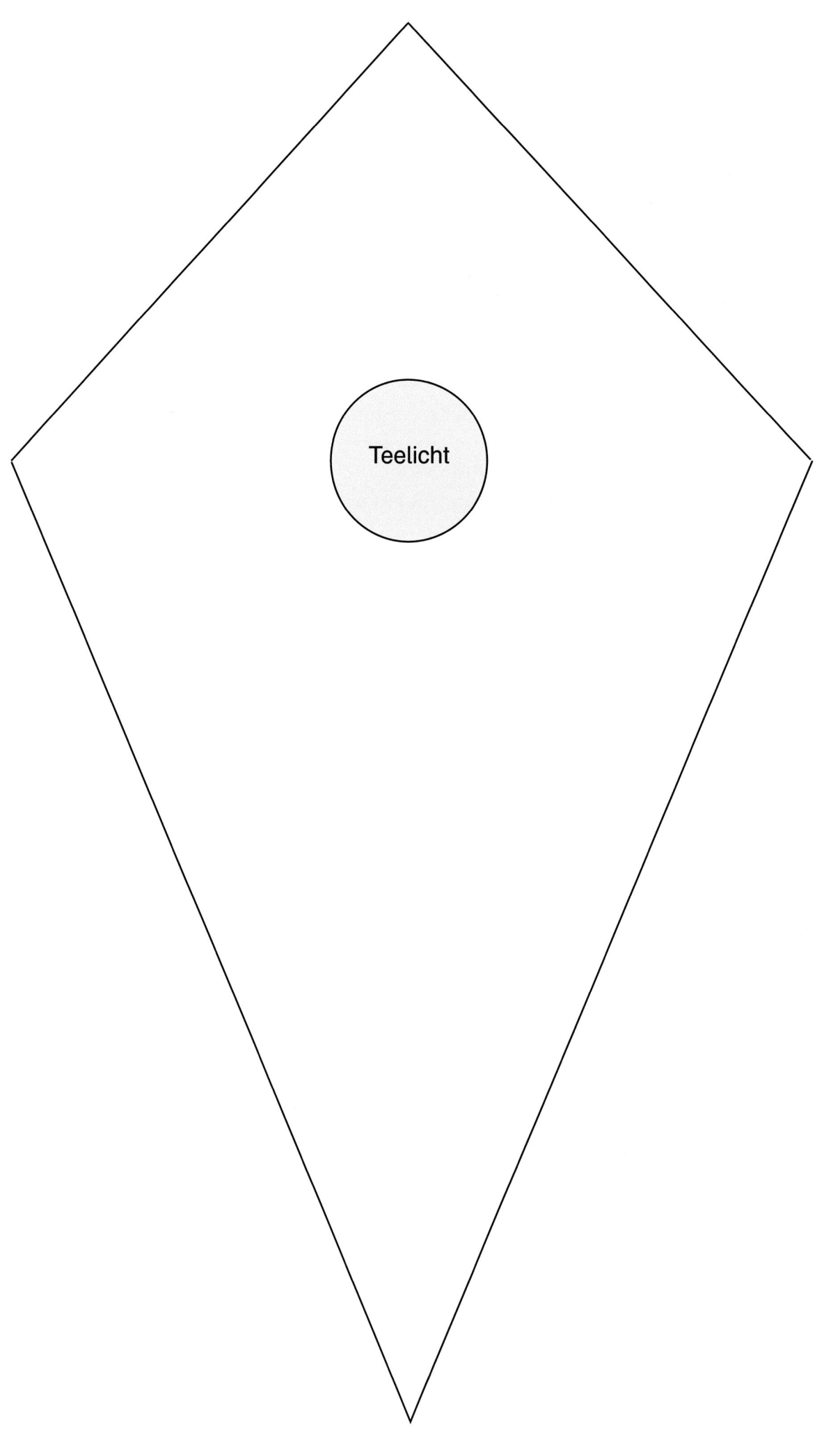

Geschichte: Der Adventskranz

Ole war ein Entdecker. Er hatte im Herbst als Erster den Igel im Garten entdeckt. Beim Muschelsuchen fand Ole immer die schönsten Stücke und gestern hatte er entdeckt, dass man mit Kaugummi prima die Weihnachtsdekoration an die Fensterscheiben kleben konnte. (Aber diese Entdeckung fand Mama nicht so toll.)

Ole saß gerade mit seinem Entdeckerbuch (in diesem Buch konnte man nachschauen, was Menschen im Laufe der Zeit alles entdeckt hatten) auf den Knien im Kinderzimmer, als Mama ihn rief: „Ole, kannst du mir bitte beim Adventskranzbinden helfen?" Ole trottete zu Mama in die Küche. Dort roch es gut nach frischem Tannengrün. Auf dem Tisch standen vier dicke Kerzen. Mama wickelte gerade Tannenzweige um einen Kranz, als Ole eintrudelte.

„Schneide mir bitte kleine Tannenzweige ab, damit ich unseren Adventskranz binden kann", sagte Mama. Ole schnappte sich die Gartenschere und machte sich an die Arbeit. Er schnitt die duftenden Tannenzweige klein und musste an letztes Jahr denken. Ole mochte die Adventszeit sehr gerne. Im Advent war es immer so gemütlich bei ihnen und wenn die vierte Kerze am Adventskranz leuchtete, wusste er, dass er nur noch wenige Tage warten musste, bis endlich Weihnachten war.

„Mama, wer hat eigentlich den Adventskranz entdeckt?", fragte Ole Mama, als er schon einen großen Berg an Tannenzweigen geschnitten hatte.

„Gute Frage!", sagte Mama und dachte ein wenig nach. „Ich bin mir nicht so sicher", sagte sie dann. „Komm, wir machen eine kleine Kakaopause und ich schaue einmal im Internet nach." Ole war einverstanden. Mama machte den Computer an, kochte den Kakao und legte auch ein paar frischgebackene Weihnachtsplätzchen auf den Teller. Als Ole schon fünf Plätzchen verputzt hatte, kam Mama wieder und sagte: „Johann Hinrich Wichern hat den Adventskranz erfunden." Sie nahm einen großen Schluck Kakao und erzählte weiter.

Herr Wichern lebte etwa vor 180 Jahren in Hamburg. Er hatte dort ein Kinderheim gegründet, weil es damals viele sehr arme Kinder gab. In dem Heim warteten die Kinder, wie alle Kinder, sehnsüchtig auf Weihnachten. Immer wieder fragten sie, wann Weihnachten ist. Da hatte Herr Wichern 1839 eine gute Idee: Er nahm ein großes Holzrad und stellte vier große Kerzen und 19 kleine Kerzen auf das Rad. Jeden Tag wurde eine neue Kerze angezündet und jeden Adventssonntag kam eine große an die Reihe. So konnten die Kinder genau sehen, wie viele Tage es noch bis Weihnachten waren"

Ole staunte: „Tolle Erfindung!" Dann schaute er auf den Tisch zu den Kerzen, die Mama für ihren Adventskranz gekauft hatte. „Mama, wir haben viel zu wenig Kerzen." Mama lachte. „Nein, schon lange benutzen wir nur noch vier Kerzen, für jeden Adventssonntag eine. Aber eigentlich hat Herr Wichern neben

dem Adventskranz gleich noch etwas erfunden. Weißt du was?" Ole überlegte: „Klar, sein Kranz war gleichzeitig so eine Art Adventskalender." „Stimmt", sagte Mama und nahm sich noch ein Plätzchen. Dann wollte sie den Adventskranz fertig binden. „Ole, schneide mir bitte noch Tannenzweige ab." Doch Ole rührte sich nicht vom Fleck. „Ole, warum machst du nicht weiter? Ich brauche deine Hilfe." „Nein", sagte Ole, „du hast mir gerade gesagt, dass der erste Adventskranz nur aus Holz war." „Du hast gut zugehört", meinte Mama, „aber etwa 20 Jahre nach dem ersten Holzkranz begannen die Menschen, das Holz mit Tannengrün zu umwickeln und so machen wir es heute noch." Ole griff wieder zur Schere und arbeitete weiter. Dann sprang er plötzlich auf und lief zu seinem Entdeckerbuch. Er wollte nachschauen, ob Herr Wichern als Entdecker des Adventskranzes im Entdeckerbuch stand. Doch dort hatte man ihn vergessen. Weil Ole diese Entdeckung aber ganz wichtig fand, nahm er einen Stift und schrieb in den Buchdeckel: Den Adventskranz hat Johann Hinrich Wichern im Jahr 1839 für seine Kinder erfunden.

Der Adventskranz

Die Weihnachtsgeschichte

**Die Weihnachtsgeschichte der Bibel
nach Lukas 1, 26–35 sowie Lukas 2, 1–20
und Matthäus 2 in Auszügen**

Vor sehr, sehr langer Zeit lebte in dem kleinen Ort Nazareth eine junge Frau, die Maria hieß. Maria hatte Josef sehr gerne und die beiden wollten bald heiraten. Eines Tages geschah etwas ganz Besonderes. Maria war alleine in ihrem Haus, als plötzlich Gottes Engel vor ihr stand. Maria erschrak sich sehr, doch der Engel sagte zu ihr: „Fürchte dich nicht, Maria, Gott hat dich ausgewählt. Du wirst schwanger werden und Gottes Sohn zur Welt bringen und er soll Jesus heißen." Maria antwortete: „Es soll so sein, wie du es gesagt hast." Dann verschwand der Engel genauso plötzlich, wie er gekommen war. Und tatsächlich wurde Maria schwanger.

Zu dieser Zeit herrsche ein mächtiger Kaiser über das Land, in dem Maria und Josef wohnten. Er wollte wissen, wie viele Menschen in diesem Land lebten, um von ihnen Geld zu fordern. Er schickte Boten durch das Land, die auf den Marktplätzen die Nachricht bekannt gaben. Damit alle gezählt werden konnten, sollten die Männer in die Stadt gehen, in der sie geboren waren. Deshalb machte sich auch Joseph auf den Weg nach Bethlehem und natürlich nahm er Maria mit, denn sie erwartete bald ihr Baby und Josef wollte sie nicht allein zu Hause lassen. Das war besonders für Maria eine lange und anstrengende Reise. Sie kamen nur langsam voran. Als sie endlich in Bethlehem waren, konnten sie keine Herberge mehr finden. Sie fragten viele Wirtsleute. Keiner hatte einen Schlafplatz für sie. Maria war verzweifelt. Sie spürte, dass ihr Baby bald zur Welt kommen würde. Daher brauchten sie unbedingt eine Unterkunft. Der letzte Wirt hatte Mitleid mit den beiden. Sein Haus war zwar auch schon besetzt, aber er hatte noch einen Stall. Diesen Stall, in dem ein Esel und ein Ochse wohnten, gab er Maria und Josef für die Nacht. In dieser Nacht geschah das Wunder. Gottes Sohn kam zur Welt. Maria bekam ihr Baby in diesem armseligen Stall. Maria und Josef waren glücklich und Gott, der Herr, freute sich so sehr, dass er seinen schönsten Stern in den Himmel genau über den Stall setzte. Ganz in der Nähe waren Hirten auf dem Feld. Sie bewachten ihre Schafe, damit keine wilden Tiere ihre Herde angriffen. Plötzlich wurde es mitten in der Nacht taghell und Gottes Engel kam zu den Hirten.

Die Hirten erschraken sehr. Doch der Engel sprach: „Fürchtet euch nicht, ich bringe euch eine wunderbare Nachricht, über die ihr euch sehr freuen werdet. Heute ist Jesus Christus, Gottes Sohn, geboren. Er wird einmal alle Menschen retten. Damit ihr Gottes Sohn findet, werde ich euch sagen, worauf ihr achten müsst. Ihr werdet ein Kind finden, das in Windeln gewickelt ist und in einer Futterkrippe liegt." Dann kamen noch viel mehr Engel zu den Hirten, die lobten Gott und sangen von dem Frieden, den Gott nun allen Menschen schenken würde. Als die Engel wieder verschwunden waren, machten sich die Hirten auf den Weg, um das Kind zu suchen. Sie gingen nach Bethlehem und fanden den Stall mit Maria, Josef und dem Kind in der Krippe. Alles war genau so, wie es der Engel den Hirten gesagt hatte. Glücklich sahen sie das Kind an. Was war das für ein wunderbarer Moment! Als sie wieder zurück gingen, lobten und dankten sie Gott, dem Herrn. Sie durften als Erste Gottes Sohn sehen, obwohl sie nur ganz arme Hirten waren. Alles, was sie gesehen und erlebt hatten, erzählten sie froh allen Menschen, die sie trafen.

Viel weiter als die Hirten mussten die Heiligen Drei Könige reisen, um Gottes Sohn zu finden. Sie hatten am Himmel den wunderbaren Stern gesehen und herausbekommen, dass dieser Stern die Geburt eines neuen Königs ankündigte. Sie folgten dem Stern bis nach Bethlehem und fanden Jesus. Die Heiligen Drei Könige fielen auf ihre Knie und beteten das Kind an. Sie brachten kostbare Geschenke mit, wie Gold, einen herrlichen Duft, der Weihrauch heißt, und Myrrhe, das ist eine Art besondere Creme. Alle, die das Jesus-Kind gesehen hatten waren sehr, sehr froh und dankten Gott von ganzem Herzen für seinen Sohn.

Die Weihnachtsgeschichte als kleines Faltbuch

Ein Vorschlag zur Gestaltung der Weihnachtsgeschichte

Die einzelnen Abschnitte der Weihnachtsgeschichte werden im Unterricht entweder vorgelesen und anschließend eventuell in einem Rollenspiel nachgespielt oder mit Figuren dargestellt. Im Anschluss an jeden Abschnitt malen die Schüler ein Bild aus und kleben den Text zu dem passenden Bild in ein kleines Faltbuch, welches am Ende der Unterrichtseinheit die Weihnachtsgeschichte beinhaltet. Das Faltbuch für das 1. Schuljahr kann aus $\frac{1}{2}$ DIN-A4-Seiten hergestellt werden, indem diese in der Mitte durchgeschnitten werden, wiederum in der Mitte gefaltet und zusammengeheftet werden. Der Text wird jeweils unter das Bild geklebt. Für das Deckblatt kann eine andere Farbe gewählt werden. Möglich wäre auch die Herstellung eines Leporellos. Für das 2. Schuljahr benötigt man 2,5 DIN-A4-Seiten. Das erste Bild wird direkt auf die Innenseite des Deckblattes geklebt, der Text auf die Seite daneben und so weiter.
Im ersten Schuljahr kann differenziert werden, indem die leistungsstarken Kinder einen kurzen Satz aufkleben, während leistungsschwächere Kinder lediglich das Bild anmalen. Es ist auch möglich, den Umfang des Faltbüchleins im ersten Schuljahr zu reduzieren, indem das erste Bild (der Engel bringt Maria die frohe Nachricht) und die letzten zwei Bilder (Anreise und Ankunft der heiligen drei Könige) weggelassen werden.

Die Weihnachtsgeschichte

Bild 1: Der Engel sagt: „Du bekommst Gottes Kind."

Bild 2: Alle müssen gezählt werden.

Bild 3: Maria und Josef gehen los.

Bild 4: Es gibt keinen Raum für Maria und Josef.

Bild 5: Jesus kommt im Stall zur Welt.

Bild 6: Ein Engel schickt die Hirten zu Jesus.

Bild 7: Die Hirten sind froh.

Bild 8: Die 3 Könige kommen.

Bild 9: Die 3 Könige finden Jesus.

Die Weihnachtsgeschichte

Bild 1: Der Engel Gottes bringt Maria die frohe Nachricht. „Du wirst Gottes Sohn zur Welt bringen."

Bild 2: Auf dem Marktplatz erfahren die Menschen neue Nachrichten. Alle Menschen müssen gezählt werden und deshalb in ihre Geburtsstadt gehen.

Bild 3: Maria und Josef machen sich auf den Weg. Maria erwartet bald ihr Kind.

Bild 4: In Bethlehem gibt es keinen Schlafplatz mehr. Maria und Josef müssen in einem Stall schlafen.

Bild 5: In diesem Stall kommt Jesus zur Welt.

Bild 6: Der Engel Gottes kommt zu den Hirten und sagt ihnen, dass Jesus geboren ist.

Bild 7: Die Hirten gehen zum Stall und finden Jesus bei seinen Eltern. Sie freuen sich über Jesu Geburt und danken Gott dafür.

Bild 8: Die Heiligen Drei Könige haben den großen Stern gesehen und machen sich auf den Weg. Sie wollen Gottes Kind sehen.

Bild 9: Die Heiligen Drei Könige beten Jesus an und bringen kostbare Geschenke mit.

Die Weihnachtsgeschichte

Die Weihnachtsgeschichte

Eine Geschichte zum Vorlesen:
Nils und die Krippenfiguren

Mama ist eine Küsterin. Eine Küsterin arbeitet in der Kirche. Sie hat viele Aufgaben. Sie sorgt dafür, dass die Kirche immer schön sauber ist, sie stellt Blumen auf den Altar, zündet die Kerzen an, verteilt die Gesangsbücher… Nils geht gerne mit Mama in die Kirche. Wenn er und Mama alleine in der Kirche sind, genießt Nils die Stille. Er klettert auf die Kanzel und schaut in den Kirchenraum. Er stellt sich die Gemeinde auf den vielen Bänken vor. Am schönsten ist es, wenn Mama und Nils in der Kirche arbeiten und der Organist gerade die Lieder für den nächsten Gottesdienst auf der Orgel übt.

Mama hat immer viel in der Kirche zu tun. Besonders viel gibt es zu Weihnachten zu erledigen. Der große Weihnachtsbaum muss geschmückt werden. All die vielen Sterne und Kerzen müssen einen guten Platz auf dem Baum finden und dann wird die Krippe aufgebaut.

Im letzten Jahr war Nils mit Mama in der Kirche, als Mama wieder alles abbauen musste. Er durfte die schönen Krippenfiguren in Papier einwickeln und in den großen Pappkarton stellen. Er verabschiedete sich von jedem König, bevor er ihn vorsichtig verpackte, wünschte Maria alles Gute für sie und das Baby und streichelte den Esel kurz hinter dem Ohr. Mama legte inzwischen die Sterne des Weihnachtsbaumes in ihre Schachtel.

Heute ist der 22. Dezember, ein neues Weihnachtsfest steht vor der Tür, und Mama kommt soeben aus der Kirche. Sie hat die Kirche wieder so schön für Weihnachten geschmückt. Nils geht gerade an der Küchentür vorbei, als Mama und Papa sich unterhalten. Mamas Stimme klingt besorgt. „Ich verstehe das nicht, alle Figuren waren sorgfältig verpackt. Nur Jesus fehlt. Wer klaut denn das Jesuskind?" Nils durchzuckt es. Er weiß genau wovon Mama spricht und wahrscheinlich ist er der Einzige, der das Rätsel lösen kann. Er macht auf dem Absatz kehrt und läuft in die Küche. „Mama, ich weiß, wo Jesus ist." Mama schaut Nils verdutzt an. „Jesus ist in der Kirche. Ich wollte ihn im letzten Jahr nicht in die Pappkiste sperren. Jesus sollte den besten Platz in seiner Kirche bekommen. Er sollte das ganze Jahr bei seiner Gemeinde sein. Ich habe ihn oben auf die Orgel gesetzt, damit er uns gut sehen kann." „Nils, ist das wirklich wahr?", wollte Mama wissen „Ja, komm, ich zeige ihn dir." Beide fahren noch einmal in die Kirche. Und tatsächlich, zwischen zwei großen Orgelpfeifen liegt Jesus, sorgfältig in ein weiches Taschentuch eingewickelt. Zusammen bringen sie das Jesus-Kind an seinen Platz in der Krippe. Hier gehört er Weihnachten hin. Dann sagt Mama lachend: „Nils, du hast Recht, nach Weihnachten bringen wir ihn wieder nach oben zur Orgel. Wir werden ihn nun nicht wieder verpacken und vergessen. Er ist doch immer unter uns."

© Persen Verlag

Nils und die Krippenfiguren

Unterrichtstipps

Diese Geschichte kann auch nach Weihnachten im Fach Religion vorgelesen werden und zum Gespräch über die Präsenz Jesu in unserem Leben genutzt werden.

Zum Beispiel:
- Ist Jesus wirklich weg, wenn wir ihn nach Weihnachten wieder mit den anderen Krippenfiguren verstauen?
- Wie können wir Jesus in unserem Leben wahrnehmen?

Weitere Aufgabe:
- Male oder schreibe Situationen auf, in denen dir wichtig ist, dass Jesus bei dir ist.

Die Heiligen Drei Könige

Anregungen für den Unterricht
Die Geschichte kann zunächst vorgelesen werden. Im ersten Schuljahr schlagen wir nach einer inhaltlichen Wiederholung von Seiten der Schüler das Basteln der Königskrone vor (siehe Kopiervorlage „Königskrone", S. 78). Im zweiten Schuljahr könnten sie genauer auf die Geschenke der Könige eingehen, indem die Schüler von der Kostbarkeit der Gaben erfahren. Anschließend bietet sich das Arbeitsblatt „Die Heiligen Drei Könige bringen Jesus kostbare Geschenke" an.

Die Heiligen Drei Könige
(nach Matthäus 2, 1–12)

Lang war die Reise. Die heiligen drei Könige hatten weit entfernt, in dem Land, indem sie lebten, Gottes Stern gesehen und herausbekommen, was dieser zu bedeuten hatte. Der prächtige Stern konnte nur die Geburt eines ganz besonderen Kindes anzeigen, es musste ein Königskind sein. Sie hatten gründlich in alten Schriften gelesen und erforscht, dass das Kind später König von einem großen Volk sein würde. Dieses besondere Kind wollten sie begrüßen. Darum hatten sie sich zusammengetan, um gemeinsam auf die weite Reise zu gehen. Gemeinsam konnten sie sich gegenseitig helfen, gemeinsam waren sie besser gegen Überfälle geschützt, gemeinsam konnten sie besser den Weg finden und gemeinsam wollten sie das Königskind erreichen.
Nun waren sie fast am Ziel. Der Stern war ganz nah. Hier musste das Kind irgendwo sein. Aber wo? Natürlich wird ein Königskind in einem königlichem Palast geboren, dachten sie sich und gingen in die große Stadt Jerusalem, um im Palast nach dem Kind zu fragen. Sie wussten nicht, dass der König Herodes, der in Jerusalem herrschte, ein gefürchteter König war. Er wollte ganz alleine mächtig sein. Von einem neugeborenem Kind, dass einmal König werden sollte und ihn womöglich verdrängen würde, wusste er nichts. Und es wäre ihm auch lieber gewesen, wenn die drei fremden Könige sich geirrt hätten. Er rief seine Berater zusammen und tatsächlich, sie fanden in der alten Bibel eine Stelle wo geschrieben stand, dass in der kleinen Stadt Bethlehem ganz in der Nähe von Jerusalem ein Herrscher geboren werden würde, der das Volk Israel wunderbar führen würde. Die Heiligen Drei Könige hatten also Recht. Listig sagte Herodes zu ihnen : „Geht nach Bethlehem und sucht dort. Wenn ihr das Kind gefunden habt, dann kommt schnell zu mir zurück und berichtet mir, wo es ist. Dann kann ich das Kind auch besuchen und ihm Geschenke bringen." Doch

© Persen Verlag

seine Gedanken waren böse. Er wollte dem Kind nichts Gutes tun. Herodes war neidisch und hatte Angst, dass das Kind ihn bald verdrängen wollte.
Die Heiligen Drei Könige zogen zufrieden weiter und fanden Jesus mit Maria und Josef in Bethlehem in einem kleinen Stall. So hatten sie sich das Quartier, in dem der angekündigte König geboren wurde, nicht vorgestellt, aber als sie Jesus sahen und spürten, welch ein Friede von ihm ausging, da waren sie glücklich und sicher, dass sie genau bei diesem Kind richtig waren. Sie warfen sich auf die Knie und beteten Jesus an. Dann schenkten sie ihm kostbare Geschenke: Gold, Weihrauch (das ist ein besonderer Duft), und Myrrhe (das ist eine Art Salbe, die gut riecht). Diese Geschenke konnten sich damals nur ganz reiche Menschen leisten.
In der Nacht sagte Gott den Heiligen Drei Königen in einem Traum, dass sie nicht zu Herodes zurück gehen sollten. So schützte Gott sein Kind, denn die Heiligen Drei Könige befolgten Gottes Weisung.

Die Heiligen Drei Könige bringen Jesus kostbare Geschenke

- Lies dir die Texte über Gold, Weihrauch und Myrrhe durch.
- Schaue dir dann die Gefäße der Könige an und überlege, wer welches Geschenk trägt.
- Klebe die Geschenke zu den Königen.
- Male die Könige bunt an.

Gold	**Weihrauch**	**Myrrhe**
Gold ist schon immer sehr wertvoll gewesen. Es ist nicht mehr bekannt, ob die heiligen drei Könige Goldklumpen, Goldschmuck oder Goldstücke mitbrachten.	Weihrauch ist ein Harz, das von den Blättern des Weihrauchstrauches abgegeben wird. Das Harz wurde verbrannt. Der Rauch und der Duft waren für Gott gedacht.	Myrrhe ist ein kleiner Baum, dessen Harz sehr gut riecht. Daraus wurde zu der Zeit, in der Jesus lebte, Salbe gemacht.
	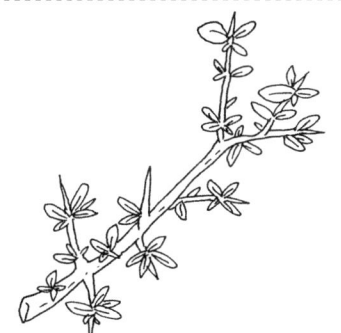	

Eine Königskrone

Malen mit Deckfarben

Die Heiligen Drei Könige

Material: Deckmalfarben, Pinsel, Zeichenblockblätter, Gold-Silberfolie, bunte Perlen, alte Knöpfe, Federn, bunte kleine Sternchen etc.

Arbeitsauftrag
Male mit Deckmalfarben drei Könige auf ein Zeichenblockblatt. Arbeite erst weiter, wenn die Farben getrocknet sind. Male einen einfarbigen Hintergrund hinter deine Könige und lasse auch diesen trocknen. Verziere deine Könige mit Gold- oder Silberfolie, eventuell bunten Knöpfen, Perlen etc.

Zum Verschenken

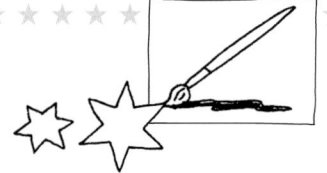

Schmuckdosen gestalten

Material: Käse-Dosen (Camembert etc.), gut deckende Malfarbe, Tonpapier, Goldpapier, Ausstanzer, Strasssteine, Perlen, kleine Goldsterne usw.

Arbeitsauftrag

Male die Dose mit einer Farbe deiner Wahl an. Achte darauf, dass nichts mehr von der Schrift auf der Dose zu sehen ist. Warte, bis die Dose komplett trocken ist und beklebe sie mit den Materialien, die dir besonders gut gefallen.
Du kannst die Dose so verschenken, du kannst sie aber auch noch mit einer Kleinigkeit füllen, zum Beispiel einem schönen Stein.

Weihnachtsengel-Briefpapier

Material: Fineliner, zugeschnittene kleine Blätter im Format von etwa 5 cm × 8 cm

Arbeitsauftrag

Male mit einem schwarzen Fineliner einen Engel auf ein kleines Blatt (ca. 5 cm × 8 cm). Gib deinen Engel deiner Lehrerin ab. Diese verkleinert alle Engel auf dem Kopierer, klebt sie als Rahmen auf ein DIN-A4-Papier und kopiert dieses Blatt für jedes Kind. (Eventuell können alle Kinder noch ihren Namen unter ihren Engel schreiben.) Nun kannst du dein Engel-Briefpapier anmalen und einen schönen Weihnachtsbrief zum Beispiel für deine Eltern schreiben.

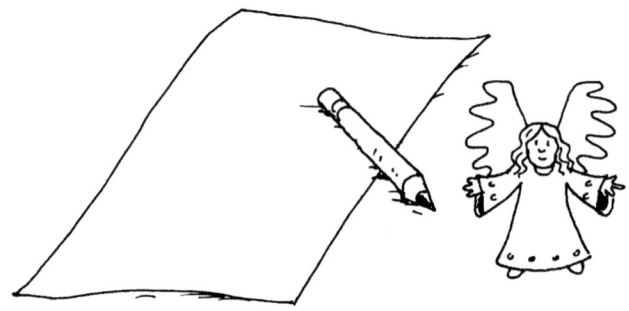

Zum Dekorieren des Klassenraumes

Ein Klassentannenbaum

Material: Papier (eventuell grünes Tonpapier), Buntstifte, eine Schere, eventuell Schablonen für den Tannenbaumschmuck

Arbeitsauftrag

Breite deine Hand auf einem Blatt aus und ummale sie. Male die Hand grün an, schneide sie aus und gib sie deiner Lehrerin. Sie klebt aus den grünen Händen eurer Klasse einen großen Tannenbaum, den ihr dann schmücken könnt. Zum Schmücken könnt ihr Kugeln, Sterne, bunte Bänder, Figuren ... malen und ausschneiden, um sie später auf den Baum zu kleben.

Weihnachtsgirlande

Material: Keksausstechförmchen, Tonpapier in Brauntönen oder buntes Tonpapier, Tonkartonstreifen ca. 2 cm breit, zum Verlängern der Tonkartonstreifen eventuell kleine Klammern, weiße Buntstifte

Arbeitsauftrag

Male mit einem Bleistift oder mit einem weißen Buntstift außen um ein Keksausstechförmchen herum. Schneide die Form aus. Male mit einem weißen Buntstift Verzierungen auf „das Plätzchen" und klebe es auf den Tonpapierstreifen. Du kannst auch mehrere Plätzchen aufkleben.

Girlande aus Goldpapier

- **Material:** Goldpapier in mehreren Farben, Schere, Klebstoff, Schablone aus Pappe (ca. 2 cm × 16 cm)

Arbeitsauftrag

Schneide viele Streifen mit Hilfe der Schablone aus. Klebe den ersten Streifen zu einem Ring zusammen. Stecke nun den zweiten Streifen durch den ersten Ring und klebe auch diesen Streifen wieder zu einem Ring zusammen. So verfährst du mit allen anderen Streifen, bis deine Girlande so lang ist, wie du sie haben möchtest. Schmücke damit deinen Klassenraum.

Weihnachtsbaumkugeln

Material: verschiedene Farben Tonpapier, Lametta, Laminierfolie und Geschenkband

Arbeitsauftrag

Schneide eine Scheibe in der Größe einer CD mit Aufhängevorrichtung aus Tonpapier aus. Streiche die Scheibe nun komplett mit einem Klebestift ein. Klebe dann etwas Lametta auf die Scheibe. Schneide das überstehende Lametta rund um die Kugel ab. Laminiere deine Kugel. Schneide den Kreis nach dem Laminieren mit einem kleinen Rand noch einmal aus. Bei der Aufhängevorrichtung wird die Kugel nun gelocht. Ziehe dann ein Band durch das Loch, damit du deine Weihnachtsbaumkugel aufhängen kannst.
Die Kugeln können an einem
Tannenzweig aufgehängt werden.

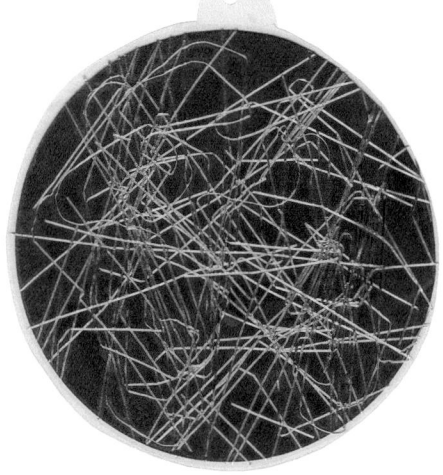

Weihnachten im Schuhkarton

Material: 1 Schuhkarton, Tonpapier, Tapetenreste, Wolle, Geschenkpapier, Geschenkband, Pinsel, Deckmalfarben, Kleber, Schere

Arbeitsauftrag

Stelle eine Weihnachtsszene dar. Deiner Fantasie sind keine Grenzen gesetzt. Du kannst ein festlich geschmücktes Wohnzimmer darstellen, du kannst eine Szene im Kaufhaus basteln, auf dem Weihnachtsmarkt, usw.
Male den Karton von innen an und klebe nun alles hinein, was du möchtest. Zum Schluss kannst du noch Figuren hinein setzen (Playmobil oder Ähnliches).

Sternentanz[1]

Vorbereitung:
Jedes Kind benötigt einen Pappstern (z. B. aus gelbem Tonkarton, die Sterne könnten auch mit Alufolie bezogen werden), welcher an einem Holzstab befestigt wird. Ein Kind bekommt den Weihnachtsstern mit Schweif. Dieser wird ebenfalls an einem etwas längeren Holzstab befestigt.

Aufstellung:
Die Schüler bilden zwei Kreise, einen Innen- und einen Außenkreis. Zunächst sitzen alle Kinder in der Hocke. Die Sterne liegen nach außen zeigend auf dem Fußboden. In der Mitte des Innenkreises hockt das Kind, welches den Weihnachtsstern trägt. Dieser sollte möglichst verborgen gehalten werden.
Beim Vorspiel stehen die Kinder nach und nach auf und halten ihren Stern nach oben. Sobald der Text gesungen wird, drehen sie sich sehr langsam um sich selbst. Wird der Weihnachtstern im Text erwähnt, steht auch dieses Kind auf und hält seinen Stern höher als die anderen Sterne. Beim ersten Zwischenspiel hocken sich alle Kinder wieder hin. Nur das Kind, welches den Weihnachtsstern trägt, dreht sich um sich selbst. Dann bleibt es bis zum Liedende in der Mitte stehen. Bei der zweiten Strophe stehen alle Kinder wieder auf und geben die Sterne nach rechts weiter, bis das nächste Zwischenspiel kommt. Während des Zwischenspiels stellen die Kinder ihre Sterne mit dem Holzgriff auf den Boden, halten ihn fest und bewegen sich leicht auf der Stelle hin und her. Bei der dritten Strophe, wenn der Kinderchor singt, heben alle ihre Sterne hoch und der Innenkreis dreht sich langsam in entgegengesetzte Richtung zum Außenkreis, bis das Nachspiel verklungen ist.

---

[1] Tanzvorschlag für das Lied „Es leuchten hell die Sterne" von Reinhard Horn, zu finden auf der CD „Lichtertänze".

Ein Nüssetanz

Für diesen Tanz eignen sich Musikstücke verschiedenster Art. Sie müssen nur so gestaltet sein, dass die Kinder den Rhythmus begleiten können, indem sie Walnüsse aufeinander oder aneinander schlagen.
Die Kinder begeben sich in einen Kreis oder Halbkreis und sie bewegen sich dann zur Musik und zum Rhythmus.
Die Nüsse können vor dem Kopf, vor dem Bauch, über dem Kopf und sogar hinter dem Rücken aneinander geschlagen werden.
Zusätzlich könnten alle Kinder Weihnachtsmützen tragen und ihre Köpfe während des Liedes hin und her bewegen.

Ein Lichtertanz[2]

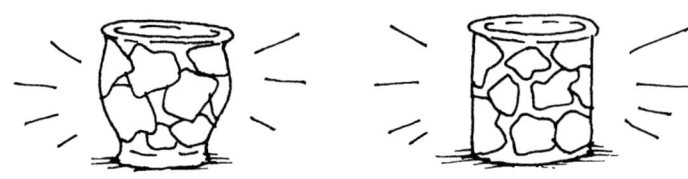

Vorbereitung:
Die Kinder kleben von außen an Gläser (z. B. alte Senfgläser) mit Kleister Transparentpapier-Stücke. In die Gläser wird später ein Teelicht gestellt.

Tanzvorschlag:
Die Schüler bilden einen großen Kreis. Jedes Kind hält ein Licht vor sich und blickt dabei zur Kreismitte (sie drehen dem Publikum den Rücken zu). Während des Vorspiels verengen die Kinder mit kleinen Schritten den Kreis und gehen auf die Kreismitte zu, bis der Text beginnt. Beim Einsetzen des Textes heben die Kinder die Kerzen hoch und drehen sich dann zum Publikum um. Nach der Wiederholung des Textes „Frohe Weihnacht, Merry Christmas, seht die Lichter ohne Zahl, frohe Weihnacht, Merry Christmas und die Freud ist überall" nehmen sie die Kerzen auf Bauchhöhe und drehen sich um sich selbst. Sobald „Frohe Weihnacht, Merry Christmas" gesungen wird, heben sie die Kerzen wieder hoch. Dann stellen sie sich leicht breitbeinig hin und wippen bis zum nächsten „Frohe Weihnacht, Merry Christmas" von einem auf das andere Bein.

---

[2] Tanzvorschlag für das Lied „Singen wir im Schein der Kerzen" von Reinhard Horn, zu finden auf der CD „Lichtertänze"

Eine Weihnachts-Klanggeschichte

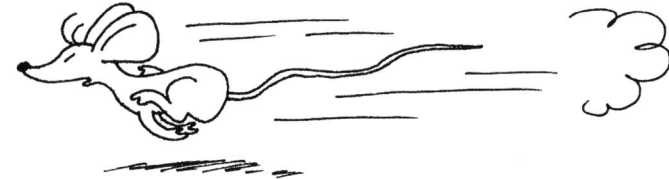

Text

„Schnell, Eichhörnchen, beeile dich, wir müssen zum Kind!" Aufgeregt kam die kleine Maus im Eichhörnchennest an. Das Eichhörnchen wischte sich die Augen, reckte und streckte sich und schaute die kleine abgehetzte Maus an. „Maus, hast du geträumt? Im Winter hast du doch keine Kinder. Mache es dir erst einmal gemütlich. Ich hole ein paar Nüsse aus meinem Vorrat, dann geht es dir bestimmt wieder besser." Doch die kleine Maus war keineswegs bereit sich hinzusetzen. „Aber nein, wir haben keine Zeit für einen Kaffeeklatsch. Es ist doch nicht mein Kind. Wir müssen zu Gottes Kind. Komm schnell. Wir müssen uns beeilen." Das Eichhörnchen verstand gar nichts mehr. „Einen Augenblick bitte, ich komme da nicht mehr mit. Bitte erzähle noch einmal ganz von vorne." Die Maus holte tief Luft: „Als ich bei den Hirten auf dem Feld war, wurde es plötzlich ganz hell. Dieser wunderschöne Stern, den du dort oben am Himmel siehst, ging auf. Dann erschien ein Engel Gottes und sagte den Hirten, dass Jesus, Gottes Kind, im Stall geboren sei. Es sei noch winzig klein und liege in Windeln gewickelt in einer Futterkrippe. Wir Tiere müssen das Kind auch sehen. Es war bestimmt kein Zufall, dass ich gerade in dieser Nacht bei den Hirten war. Komm nun, wir müssen den anderen Tieren Bescheid sagen."

Das Eichhörnchen staunte. Erst jetzt fiel ihm der prächtige Stern auf, der tatsächlich am Himmel leuchtete. Dann sagte es: „Das ist ja unglaublich! Natürlich wollen wir, die Tiere, Gottes Kind auch sehen. Damit wir alle so schnell wie möglich versammeln, schlage ich vor, dass wir die Eule benachrichtigen. Sie kann durch den Wald fliegen und allen in kürzester Zeit Bescheid sagen. Wir treffen uns in zehn Minuten an der dicken Eiche." „Gute Idee!", sagte die Maus. Dann liefen sie zur Eule und baten diese um ihre Hilfe. Während die Eule ihre Runde drehte, versuchten die Maus und das Eichhörnchen, die Igel zu wecken. Das war gar nicht so leicht.

Die Eule hatte gute Arbeit geleistet. In nur zehn Minuten hatten sich alle Tiere am Treffpunkt versammelt. Auf den Zweigen saßen die Vögel, die Rehe und Hirsche standen dicht an den Stamm gedrängt, neben ihnen hatten sich die

Mäuse und Eichhörnchen platziert. Die Füchse und Hasen standen hinter den Wildschweinen. Alle kleineren Waldbewohner, wie z. B. die Lurche, Käfer und Schnecken, stießen gerade erst zu den Wartenden dazu.

Der Adler hatte sich gleich in die Luft geschwungen und nachgeschaut, welche Richtung die Hirten eingeschlagen hatten. Er gab das Kommando: „Aufgepasst, die großen und schnellen Tiere müssen die langsamen und kleinen tragen, sonst holen wir die Hirten nicht mehr ein. Die Rehe nehmen die Igel auf ihren Rücken. Lurche und Schnecken klettern auf die Hirsche. Die Vögel übernehmen die Käfer. Die Füchse, Mäuse, Hasen, Eichhörnchen und Wildschweine müssen sich sputen." Jedes Tier nahm ohne zu murren seine Reiter auf. Dann setzte sich die ganze Schar in Bewegung.

Es dauerte nicht lange, da hatten sie die Hirten fast eingeholt. Nun konnten alle schon den Stall sehen. Die Hirten traten zuerst ein, um Gottes Kind zu begrüßen. Dann öffnete ein Reh vorsichtig die Tür. Ganz leise schlüpften die Mäuse, Füchse, Hasen, Eichhörnchen und Hirsche hinterher. Längst waren die Lurche, Schnecken und Käfer abgestiegen und gingen die letzte kleine Strecke bis zur Krippe alleine. Selbst die wilden Wildschweine waren ganz vorsichtig und die Vögel versammelten sich auf dem Dachvorsprung.

Ja, es war genau so, wie es der Engel den Hirten gesagt hatte. In der Futterkrippe lag das kleine Kind in Windeln gewickelt, Maria und Josef waren bei ihm. Der Ochse und der Esel im Stall rückten zusammen, damit alle hinein passten. Was für ein Moment! Von dem Kind ging ein solcher Glanz, eine Ruhe und ein Frieden aus, dass alle Menschen und Tiere ehrfürchtig beieinander standen und Gott den Herrn lobten.

Lange blieben alle so vereint beieinander. Als sie sich wieder auf den Weg in den Wald machten, waren alle glücklich. Dieses Mal musste der Adler keine Kommandos geben. Die Großen machten sich klein, um die kleinen Tiere aufnehmen zu können. Dann gingen sie sehr leise und erfüllt zurück in diese besondere Nacht. Sie hatten das Kind sehen dürfen. Wunderbar!!!

Eine Weihnachts-Klanggeschichte

Verklanglichung der Geschichte

Jedem Tier wird ein Instrument zugeordnet. Sobald die Tiere im Text erwähnt werden, spielen die Kinder auf ihren Instrumenten. Bei Bedarf könnten auch die Hirten, der Engel, der Stern und die heilige Familie mit Instrumenten verklanglicht werden.

Vorschläge für die Besetzung der Tiere mit Instrumenten

Maus	Holzblocktrommel
Eichhörnchen	Schellenkranz
Igel	Klanghölzer
Eule	tiefe Töne auf dem Metallophon
Adler	kleine Handtrommel
Rehe	hohe Töne auf dem Xylophon
Hirsche	große Handtrommel mit Schläger gespielt
Wildschweine	Bongo
Vögel	hohe Töne auf dem Glockenspiel
Lurche	Glöckchenkranz
Schnecken	Rassel
Käfer	Ratsche
Ochse	große Handtrommel
Esel	Becken

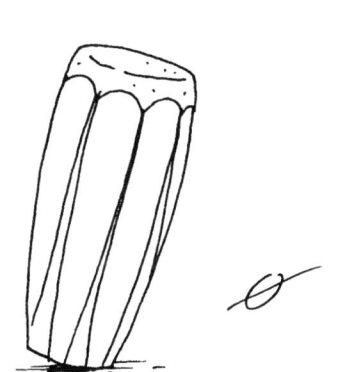

Adventsstunde

Anregungen zur Gestaltung von Adventsstunden

Neben dem Anzünden der Kerzen am Adventskranz oder an eigenen Gestecken, dem Singen von Liedern, dem Öffnen des Adventskalenders und dem Hören von Geschichten, bieten sich auch Stilleübungen oder Legemandalas für Adventsstunden an. Bei leiser Musik können Traumreisen an die Krippe, zum Weihnachtsmarkt, unter den Weihnachtsbaum, zu den Weihnachtswichteln etc. erzählt werden.

Auf einem Materialtisch liegen z. B. Glöckchen. Einzelne Kinder nehmen sich die Glöckchen und gehen eine Runde im Kreis, ohne dass das Glöckchen läutet. Um das Ganze zu erschweren, könnte der Lehrer Karten hochheben, auf denen steht, wo die Glöckchen getragen werden müssen, z. B. auf dem Handrücken, auf dem Kopf, in der Armbeuge, in der ausgestreckten Hand …

Legemandalas lassen im Sitzkreis ein Kreisbild entstehen, indem um einen Ring/Kranz kleine Gegenstände gelegt werden. Hierfür eignen sich z. B. Weihnachtsbaumschmuck, Bastelarbeiten der Kinder, Perlen …

Mandalas und Ausmalbilder können auch während einer Adventsstunde gestaltet werden.

Geschichten zum Vorlesen für die Adventsstunde am Morgen

Die Päckchenparty

„Mama…", „Nein, Mia, jetzt ist Schluss. Es ist schon spät. Du musst wirklich schlafen." Mia wusste, dass Mama nun bald gefährlich wurde. Mia musste sich jedoch noch einmal vergewissern und darum rief sie ein letztes Mal. „Mama, noch einmal schlafen und dann ist Weihnachten?" Mama seufzte, „Ja, noch einmal schlafen, dann ist Weihnachten und nun gute Nacht."
Zufrieden kuschelte sich Mia in ihr Kissen, umarmte Bruno Schnuffelhase und schlief ein. Mama räumte noch etwas auf, kraulte dann dem Kater Moritz kurz hinterm Ohr und ging auch ins Bett.
Als alles still war, hörte Moritz ein leises Rascheln. Dann sah er, wie der Weihnachtsmann viele bunte Päckchen unter den Weihnachtsbaum legte und blitzschnell wieder verschwand. Kater Moritz stand noch wie angewurzelt im Wohnzimmer, als er plötzlich aus dem großen Päckchen mit der dicken roten Schleife eine Stimme hörte. „He, hört mich denn keiner? Erst wird man total durchgeschüttelt und nun stehe ich hier auf dem Kopf und nichts passiert mehr." Kater Moritz kam vorsichtig näher. „Doch", sagte er, „ich höre dich. Aber seit wann können Weihnachtspäckchen sprechen?" Wieder hörte Kater Moritz die Stimme. „Komm und hilf mir mal, aber bitte schnell, mir wird schon ganz komisch!" Moritz tapste zum sprechenden Päckchen und zog vorsichtig an der roten Schleife. Als er das Päckchen geöffnet hatte, krabbelte ein kuscheliger Teddy-Bär heraus, schüttelte sich tüchtig und setzte sich neben Kater Moritz unter den Weihnachtsbaum. „Vielen Dank, das war vielleicht eng." Er reichte Kater Moritz seine Pfote. Moritz wusste nicht, was er sagen sollte. So etwas hatte er noch nicht erlebt, doch bevor er antworten konnte, hörten sie ein weiteres Päckchen rufen. Der Teddy eilte dem Paket schnell zur Hilfe. Ruck, zuck hatte er das Band gelöst und das Weihnachtspapier zerrissen. Heraus kam ein Paar Inliner, die vor Freude gleich einige Runden um den Weihnachtsbaum drehten. Immer mehr Päckchen wollten geöffnet werden. Kater Moritz und der Teddy hatten alle Hände voll zu tun. Kaum waren die Schlittschuhe befreit, riefen schon die Malstifte. Das Geschenkpapier stapelte sich, überall lagen bunte Schleifen. Jedes Geschenk freute sich frei zu sein. Während die Musik-CD in den CD-Player hüpfte, tanzte der Schlafanzug mit dem Regenschirm und die neuen Schihandschuhe klatschten Beifall.
Zunächst hatte Kater Moritz die Party genossen. Doch plötzlich kamen ihm Zweifel. Was würde Mia morgen sagen, wenn alle Päckchen bereits ausgepackt waren? Er musste seine Sorgen los werden.

Mit einem gekonnten Pfotenschlag stoppte er die CD und alle waren plötzlich still. „Ich bekomme riesengroßen Ärger, wenn meine Familie morgen feststellt, dass die Party schon vorbei ist. Was machen wir jetzt?"
Die Malstifte hatten den rettenden Einfall. „Wir gehen alle wieder zurück, legen uns gemütlich in die Päckchen und du packst uns einfach wieder ein." „Ja, aber stelle mich bloß nicht wieder auf den Kopf", sagte der Teddy-Bär und knuffte Kater Moritz in die Seite.
Bereitwillig ließen sich alle Geschenke wieder einpacken. Als Kater Moritz sich vergewissert hatte, dass alle gut lagen oder standen, krabbelte auch er ins Körbchen und schlief sofort ein.
Am nächsten Tag freute sich Mia über all die schönen Geschenke. Nur Mama wunderte sich ein wenig. Sie fand, dass der Weihnachtsmann die Päckchen in diesem Jahr nicht besonders ordentlich eingepackt hatte.

Auf dem Weihnachtsmarkt

„Biber, bibber, bibber..." „Wer friert hier denn so?", rief der Teddybär von seinem Regal in der Spielzeugbude. „Ich bin es. Mir ist schrecklich kalt", antwortete zitternd eine Puppe gegenüber vom Teddy. Teddy sagte: „Du bist auch viel zu dünn angezogen. Ich gebe dir meinen Pullover und den Schal, mein Fell ist dick genug." Er kletterte zur Puppe hinüber und reichte ihr seinen Pulli. Die Puppe zog ihn sofort über und wickelte sich den warmen Schal um. „Vielen Dank. Das tut gut", sagte sie und schüttelte dem Bären die Tatze. „Gern geschehen", antwortete der Bär. Dann meinte er: „Du brauchst jetzt etwas Warmes zum Trinken. Komm, wir gehen hinüber zum Glühweinstand, dort gibt es herrlichen Kinderpunsch." „Wir können doch nicht einfach ausbüchsen. Außerdem ist die Tür fest verschlossen", gab die Puppe zu bedenken. Darauf antwortete der Teddy: „Ich kenne einen guten Schlupfwinkel. Komm mit, wir kommen ja bald wieder." Mit einem gekonnten Sprung hüpfte der Bär die Regale hinunter und zog die Puppe vorsichtig hinter sich her. Draußen war es still. Die Sterne leuchteten am Nachthimmel. Der Bär kannte sich wirklich gut aus. Mir nichts, dir nichts waren sie im Glühweinstand und jeder hatte einen heißen, duftenden Becher Kinderpunsch in der Hand. Obwohl die Puppe noch Bedenken hatte, tat ihr der Punsch gut. Ihr wurde wärmer und mit der Wärme wurde sie mutiger. „Ich könnte jetzt einen Bratapfel vertragen", meinte der Bär. Kichernd hüpfte die Puppe ihrem Begleiter hinterher. Der Apfel schmeckte wunderbar und da noch ein großer Krug Vanillesoße übrig war, nahmen sie sich einen or-

dentlichen Schluck. „Und nun fahren wir eine Runde mit dem Karussell", rief der Bär und war schon unterwegs. Die Puppe lief hinter ihm her. Jeder suchte sich ein Fahrzeug aus, dann sausten sie fröhlich in der Runde. „Dort drüben riecht es herrlich nach Lebkuchen. Das wäre jetzt genau das Richtige", meinte die Puppe. Sie aßen Lebkuchen, kosteten die Zuckerstangen und nahmen sich eine große Tüte gebrannte Mandeln mit. Es war wunderbar. Noch nie hatte die Puppe einen so lustigen Ausflug gemacht. Sie nahm den flauschigen Teddy herzlich in die Arme. Doch langsam wurde es Zeit, in die Spielzeugbude zurückzukehren. Als sie vorsichtig durch den Türspalt schlüpften, meckerte ein Stofftierelefant. „Wo kommt ihr jetzt her?" „Psst, verrate uns bitte nicht", flüsterte die Puppe. Doch es war schon zu spät. Die anderen Plüschtiere waren bereits aufgewacht und erkundigten sich beim Elefanten über die Ausreißer. Da stellte sich die Puppe in die Mitte und sagte: „Ja, wir haben einen kleinen Ausflug gemacht und das war wunderschön, aber wir haben euch auch etwas mitgebracht." Dann holte sie die Tüte gebrannte Mandeln aus ihrer Rocktasche und jeder durfte sich bedienen. Satt und zufrieden kletterten später alle Stofftiere wieder auf ihren Platz im Regal und alle waren sich einig, dass keiner etwas verraten wollte.

Als am nächsten Tag die Besitzerin der Spielzeugbude ihren Stand eröffnete, grinsten sich die Stofftiere heimlich zu. Keiner sagte ein Wort, denn sie hatten schon ausgelost, wer diese Nacht auf einen Streifzug gehen durfte. Nur eine Kleinigkeit verwunderte die Marktfrau: Sie konnte sich nicht erklären, warum die hübsche kleine Puppe Teddys Pullover sowie seinen Schal trug und Lebkuchenkrümel in den Haaren hatte.

Weihnachtsfeiern gestalten

Zur Gestaltung einer Weihnachtsfeier schlagen wir folgende Aktivitäten vor:

Mögliche Programmpunkte

- Gedichte vortragen (auch eigene Gedichte der Kinder – siehe Fach Deutsch „Gedichte")
- Tänze vortanzen (siehe Fach Musik „Tänze")
- Eine Klanggeschichte vorspielen (siehe Fach Musik „Eine Weihnachts-Klanggeschichte)
- Die Bewegungsgeschichte
- Plätzchen backen (siehe Rezepte)
- Wenn das Abbacken der Plätzchen in der Schule schwirig sein sollte, ist es auch möglich, für die Schule drei bis vier große Tannenbaumausstechfiguren anzuschaffen und entsprechend viele Eltern vorab zu bitten, die Tannenbäume abzubacken (ein Mürbeteigplätzchenrezept reicht für etwa sieben große Tannenbäume). An der Weihnachtsfeier kann dann jedes Kind seinen eigenen Baum mit grünem Zuckerguss und bunten Süßigkeiten schmücken. (Für den Transport nach Hause benötigt man Plastiktüten oder Pappteller.)
- Basteln z. B. die Girlande mit Ausstechförmchen (siehe Fach Kunst)
- Wichteln: Per Los wird entschieden, wer wem ein kleines Päckchen packt (der Preis pro Päckchen sollte zuvor abgesprochen und nicht überschritten werden). Vor der Tür steht ein Korb, in den jedes Kind heimlich sein Päckchen hineinlegt. (Das Päckchen muss natürlich den Namen des Beschenkten tragen.)
- Später kann man z. B. mit einem Farbwürfel würfeln, welche Päckchen zuerst ausgepackt werden dürfen. Oder mit einem normalen Würfel wird bestimmt, wie viele Päckchen pro Runde geöffnet werden dürfen etc.
- Geschichten vorlesen
- Lieder singen

Bewegungsgeschichte

Anregungen:
Die Lehrerin oder der Lehrer liest den Text vor und die Kinder bewegen sich entsprechend dazu. Die Kinder halten ausgeschnittene Sterne in den Händen. Im Anschluss an den Text kann ein gemeinsames Lied gesungen werden.

Vorlesetext	Bewegungen
Am Himmel leuchten viele Sterne. Wir können sie leuchten sehen.	Kinder hocken auf dem Fußboden und stehen langsam auf.
Sie sehen toll aus und glitzern wunderbar.	Kinder halten ihre Sterne hoch.
Sie ziehen auf ihrer Bahn entlang.	Kinder bewegen die Sterne vor dem Kopf in einer Reihe langsam und gleichmäßig hin und her.
Ihre Strahlen leuchten hell.	Die Kinder strecken die Hände nach oben.
Manchmal sehen sie anders aus.	Kinder bewegen die Sterne vor dem Kopf in einer Reihe langsam und gleichmäßig hin und her.
Manchmal sind sie nicht zu sehen, da Wolken die Sterne verdecken.	Ein Kind zieht mit einer Tonpapier-Wolke vor den Sternkindern her. Diese hocken sich wieder auf den Boden, sobald die Wolke bei ihnen vorbei gezogen ist.
Doch wenn die Wolken vorüber gezogen sind, können wir die Sterne wieder leuchten sehen.	Die Kinder stehen wieder auf.
Sie ziehen wieder auf ihrer Bahn entlang.	Kinder bewegen die Sterne wieder vor dem Kopf langsam und gleichmäßig hin und her.
Eines Nachts erscheint ein ganz großer Stern am Himmel. Er leuchtet besonders hell. Er will uns sagen: „Freut euch, Jesus ist geboren."	Ein Kind hebt hinter den anderen Sternen einen großen Stern an einer Stange (Sternschnuppe) nach oben.
Die kleinen Sterne sind begeistert und strahlen noch mehr als vorher.	Kinder bewegen ihre Hände kreisend.
Sie umkreisen den großen, hellen Stern und folgen ihm, um Jesus zu sehen.	Kinder umkreisen das Kind mit dem großen Stern. Sie verlassen die Bühne.

In Anlehnung an „Der Stern von Bethlehem" von Franz Kett aus: Religionspädagogische Praxis, Handreichungen für elementare Religionspädagogik, Landshut 1983

Materialien (vergrößern):

Wolke

Sternschnuppe

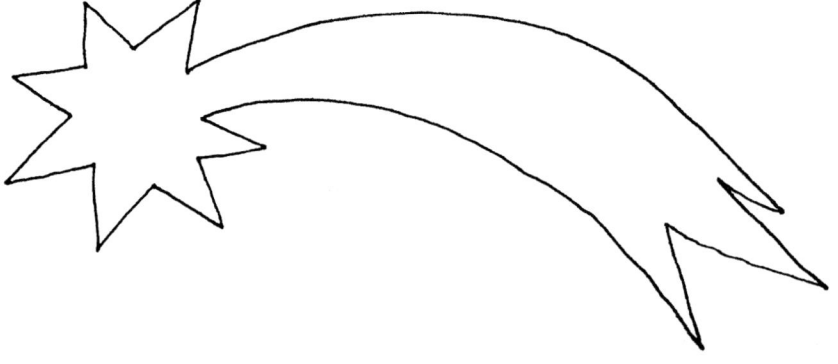

Gedichte vortragen

Im Weihnachtswichtelwald

Das Gedicht „Im Weihnachtswichtelwald" (siehe S. 40) eignet sich besonders gut, um alle Kinder einer Klasse auf die Bühne zu bekommen. Das Gedicht hat viele Strophen, so dass alle Kinder eine auswendig lernen können. Die Kinder kommen also der Reihe nach einzeln auf die Bühne und sagen ihre Strophe auf. Dabei halten sie Gegenstände, die zu ihrer Strophe passen, in den Händen.

Vorlesen der Weihnachts-Elfchen oder Akrostichons

Es ist auch möglich, dass die Kinder ihre selbstgeschriebenen Elfchen oder Gedichte vorlesen. Diese können auch mit Bildern versehen und an einer Pinnwand ausgestellt werden.

Weihnachts-Rezepte

Advents- und Weihnachtspunsch

Zutaten:
1 l Früchtetee
1 l Apfelsaft
Saft von 2 Zitronen
6 TL Honig
Nach Wunsch gehackte Mandeln, Rosinen

Zubereitung:
Den Tee zubereiten, dann restliche Zutaten
dazugeben und erhitzen, bis der Honig aufgelöst ist.

Mürbeteig-Plätzchen

Zutaten:
250 g Mehl
125 g Zucker
125 g Margarine oder Butter
   1 Ei

Einfaches Rezept = ca. 7 große Weihnachtsbäume

Zubereitung:
Alle Zutaten in eine Schüssel geben und zu einem Knetteig verarbeiten.
Auf ein Backblech geben und backen.

Vanille-Kipferl

Zutaten:
280 g Mehl
 80 g Zucker
100 g gemahlene Mandeln
200 g Butter
  2 Eier
  4 Pakete Vanille-Zucker
 60 g Puderzucker

Zubereitung:
Aus Mehl, Zucker, Mandeln, weicher Butter und Eier einen Knetteig herstellen. Aus diesem Teig 5 cm lange Stangen formen und diese zu Halbmonden biegen. Auf ein Backblech legen und auf mittlerer Schiene goldgelb backen. Puderzucker und Vanillezucker mischen und die noch warmen Kipferl darin wälzen.

Bratäpfel

Zutaten (4 Personen):
4 Äpfel
2 EL Rosinen
2 EL gehackte Nüsse
1 TL Zimt
Vanillesoße

Zubereitung:
Die Äpfel werden gewaschen und das Kerngehäuse ausgestochen. Dann werden die Äpfel in eine Auflaufform gelegt, Rosinen, Nüsse und Zimt gemischt und in die Öffnungen der Äpfel gefüllt.
Die Äpfel bei 180 °C 20–30 Minuten backen.
Am besten schmecken die Äpfel mit Vanillesoße.

Ideen für einen Gottesdienst

1. Vorschlag

Wenn der Weihnachtsgottesdienst von Erst- und Zweitklässlern vorbereitet wird, ist es sinnvoll, auf textlastige Theaterstücke zu verzichten. Geeignet für die Kleinen wäre die „Weihnachts-Klanggeschichte" (siehe S. 85). Die Kinder könnten als Tiere verkleidet werden und stumm agieren, während der Text vorgelesen wird. Auf die Verklanglichung könnte man dann verzichten.

Gebetsvorschlag

Lieber Gott, wir haben in dem Theaterstück gesehen, dass Menschen und Tiere froh und glücklich waren, als sie das kleine Baby Jesus Christus gesehen haben. Wir freuen uns auch schon auf Weihnachten und bitten dich, dass alle Kinder und ihre Familien an diesem Weihnachtsfest genauso froh und glücklich sein dürfen.
Amen

2. Vorschlag

Die Weihnachtsgeschichte (siehe S. 66) wird vorgelesen. Zuvor haben die Schüler Bilder zu den einzelnen Abschnitten gemalt, die entweder in einer Power-Point-Präsentation oder als Folie auf dem Tageslichtprojektor an die Wand geworfen werden.

Gebetsvorschlag

Lieber Gott, bald ist es wieder so weit, bald ist Weihnachten. Wir feiern das Fest, weil dein Sohn, Jesus Christus, als kleines Kind zu uns gekommen ist. Das haben wir gerade gesehen und gehört und im Unterricht besprochen. Wie die Hirten und die Könige freuen wir uns, dass Jesus auf die Welt gekommen ist.
Amen

Weihnachtsrätsel (I)

Arbeitsauftrag
- Schreibe die Wörter in das Gitterrätsel.
- Finde das Lösungswort, indem du die Buchstaben in die vorgesehenen Kästchen schreibst.

Lösung:

Weihnachtsrätsel (I)

Lösungsblatt

- Schreibe die Wörter in das Gitterrätsel.
- Finde das Lösungswort, indem du die Buchstaben in die vorgesehenen Kästchen schreibst.

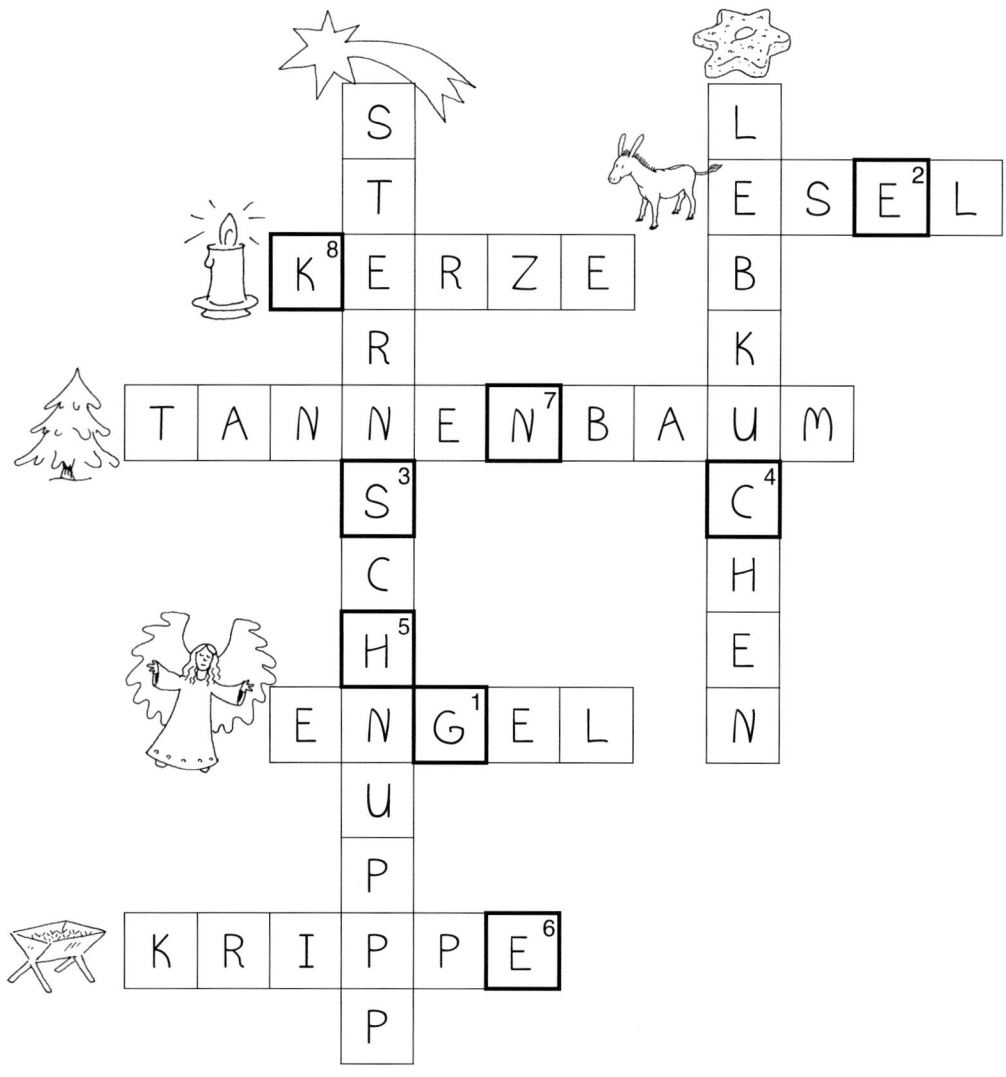

Lösung: G E S C H E N K

Weihnachtsrätsel (II)

Arbeitsauftrag
- Beantworte die Fragen und trage die Lösungen in das Gitterrätsel ein.
- Finde das Lösungswort.

1. Was feiern wir am 24. Dezember?
2. Wie hieß die Mutter von Jesus?
3. Was wird kurz vor Weihnachten geschmückt?
4. Wer wurde in einem Stall geboren?
5. Wie heißt die Zeit vor Weihnachten?
6. Womit schmücken wir den Weihnachtsbaum? (Tipp: Sie sind rund.)
7. Worauf freuen sich die Kinder am meisten?
8. Was backen Kinder gern vor Weihnachten?

Lösung:

Weihnachtsrätsel (II)

Lösungsblatt

1. Was feiern wir am 24. Dezember? → *Weihnachten*
2. Wie hieß die Mutter von Jesus? → *Maria*
3. Was wird kurz vor Weihnachten geschmückt → *Tannenbaum*
4. Wer wurde in einem Stall geboren? → *Jesus*
5. Wie heißt die Zeit vor Weihnachten? → *Advent*
6. Womit schmücken wir den Weihnachtsbaum? (Tipp: Sie sind rund.) → *Kugeln*
7. Worauf freuen sich die Kinder am meisten? → *Geschenke*
8. Was backen Kinder gern vor Weihnachten? → *Plätzchen*

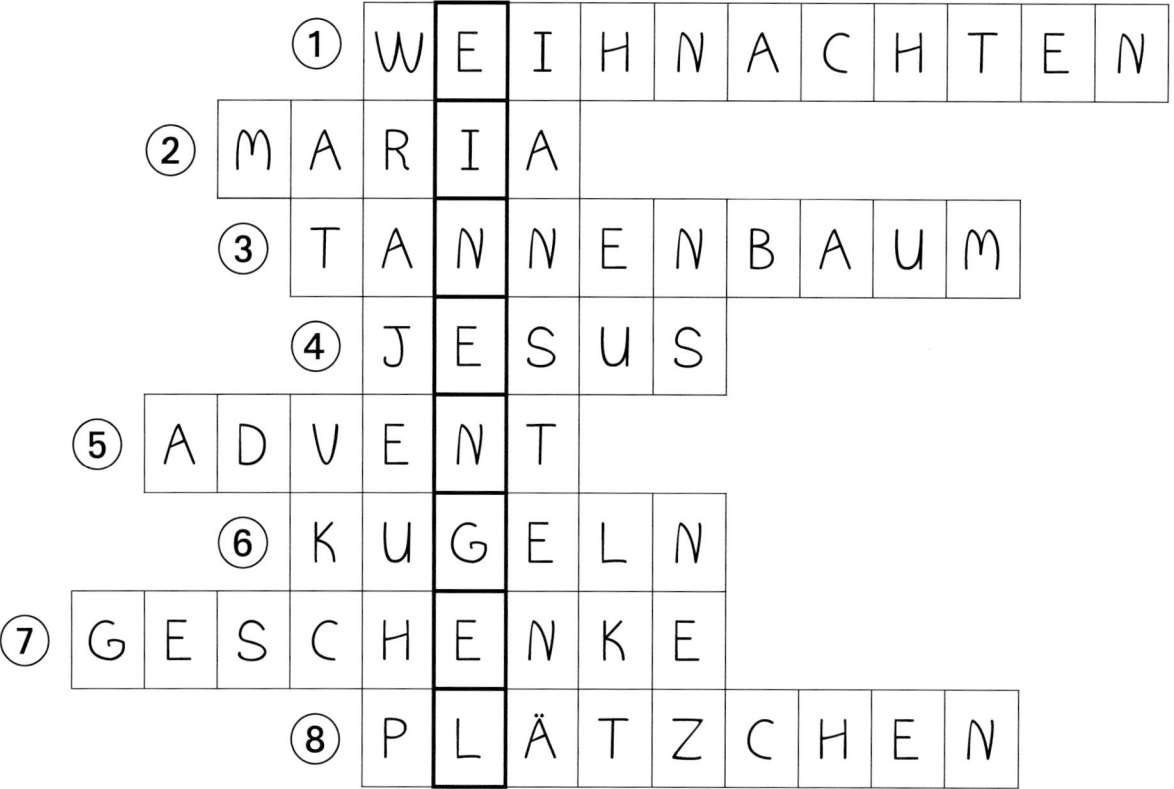

Lösung: EIN ENGEL

Suchsel zur Weihnachtszeit (I)

Arbeitsauftrag
- In diesem Buchstabengitter sind folgende Weihnachtswörter versteckt:

  STERN   LIEDER   LICHT   STALL   APFEL   GLOCKE   KEKSE

- Kannst du alle entdecken? Male die Felder an.
- Kontrolliere anschließend mit der Lösung.

S	H	R	M	L	I	E	D	E	R	B	S	I
I	W	A	P	F	E	L	T	R	O	W	S	M
A	D	R	S	G	L	O	C	K	E	X	C	V
P	K	E	K	S	E	D	F	C	N	M	D	H
X	D	W	R	Z	M	L	I	C	H	T	F	R
O	P	R	S	T	A	L	L	V	T	H	J	L
S	R	S	T	E	R	N	M	T	E	U	I	O

- -

Lösung zur Station:

S	H	R	M	L	I	E	D	E	R	B	S	I
I	W	A	P	F	E	L	T	R	O	W	S	M
A	D	R	S	G	L	O	C	K	E	X	C	V
P	K	E	K	S	E	D	F	C	N	M	D	H
X	D	W	R	Z	M	L	I	C	H	T	F	R
O	P	R	S	T	A	L	L	V	T	H	J	L
S	R	S	T	E	R	N	M	T	E	U	I	O

Suchsel zur Weihnachtszeit (II)

Arbeitsauftrag
- In diesem Buchstabengitter sind viele Weihnachtswörter versteckt.
- Kannst du alle 12 Wörter entdecken? Schreibe sie auf.
- Kontrolliere anschließend mit der Lösung.

S	H	R	M	E	N	G	E	L	R	B	S	I
I	W	B	P	G	E	S	C	H	E	N	K	E
A	D	E	S	F	S	C	H	R	V	X	E	V
P	U	T	L	K	P	D	F	C	N	M	R	H
X	D	H	R	Z	M	N	Ü	S	S	E	Z	R
O	P	L	K	U	G	E	L	N	T	H	E	L
S	W	E	I	H	N	A	C	H	T	E	N	O
S	H	H	M	Q	W	S	Y	P	K	B	G	I
I	W	E	Z	I	M	T	D	U	F	T	L	M
A	D	M	S	T	O	L	L	E	N	X	A	V
P	T	A	N	N	E	N	B	A	U	M	N	H
X	D	W	R	Z	M	G	W	V	N	K	Z	R
O	P	R	L	A	M	E	T	T	A	H	J	L
S	R	S	T	E	R	N	M	T	E	U	I	O

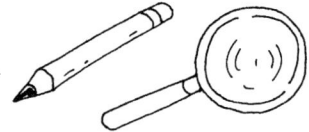

Lösung: Suchsel (II)

S	H	R	M	E	N	G	E	L	R	B	S	I
I	W	B	P	G	E	S	C	H	E	N	K	E
A	D	E	S	F	S	C	H	R	V	X	E	V
P	U	T	L	K	P	D	F	C	N	M	R	H
X	D	H	R	Z	M	N	Ü	S	S	E	Z	R
O	P	L	K	U	G	E	L	N	T	H	E	L
S	W	E	I	H	N	A	C	H	T	E	N	O
S	H	H	M	Q	W	S	Y	P	K	B	G	I
I	W	E	Z	I	M	T	D	U	F	T	L	M
A	D	M	S	T	O	L	L	E	N	X	A	V
P	T	A	N	N	E	N	B	A	U	M	N	H
X	D	W	R	Z	M	G	W	V	N	K	Z	R
O	P	R	L	A	M	E	T	T	A	H	J	L
S	R	S	T	E	R	N	M	T	E	U	I	O

Bethlehem, Weihnachten, Geschenke, Tannenbaum, Zimtduft, Kerzenglanz, Stern, Kugeln, Stollen, Lametta, Nüsse, Engel

Weihnachtsmandala

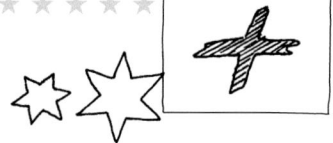

Arbeitsauftrag
Male ein Mandala. Zeichne zuerst die Striche, male es dann aus.

Weihnachtsbild zum Ausmalen

Weihnachtsspiel

Spielregeln

- Jeder Spieler braucht einen Spielstein und einen Würfel.

- Derjenige, der die höchste Zahl hat, beginnt.

- Bei einer 6 darf noch einmal gewürfelt werden.

- Jeder, der auf ein ?-Feld kommt, muss eine Fragekarte ziehen. Der Spieler, der rechts neben ihm sitzt, liest dann die Frage vor.

- Wenn die Frage richtig beantwortet wurde, darf man zwei Felder vorgehen. Wenn die Frage falsch beantwortet wurde, muss man stehen bleiben.

- Jeder, der auf ein !-Feld kommt, muss eine Ereigniskarte ziehen, leise für sich durchlesen und die darauf stehenden Anweisungen befolgen.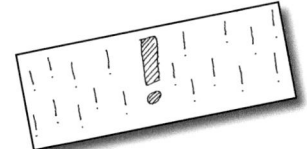

Ereigniskarten (Vorderseiten)

Du hast einen wunderschönen Stern gebastelt. Würfle noch einmal!	Du hast deinen Wunschzettel geschrieben. Gehe zwei Felder vor!
Du hast ein tolles Geschenk gebastelt. Gehe drei Felder vor!	Du hast beim Schmücken des Weihnachtsbaumes geholfen. Würfle noch einmal!
Leider sind dir einige Plätzchen angebrannt. Setze einmal aus!	Sage das Gedicht „Advent, Advent, ein Lichtlein brennt" auf! Rücke danach drei Felder vor!
Singe die 1. Strophe des Liedes „Alle Jahre wieder" vor. Rücke danach zwei Felder vor!	Kannst du ein Gedicht aufsagen? Wenn du eins aufsagen kannst, darfst du drei Felder vorrücken, ansonsten musst du stehen bleiben.
Male deinem rechten Nachbarn einen Stern auf den Rücken. Gehe zwei Felder vor!	Male deinem linken Nachbarn einen Tannenbaum auf den Rücken. Gehe auf das nächste Fragefeld und beantworte die Frage.
Nenne zwei typische Weihnachtsdüfte. Rücke danach ein Feld weiter.	Nenne drei bekannte Weihnachtslieder. Gehe ein Feld vor!
Spiele vor, wie man eine Kerze anzündet. Wenn es jemand errät, gehe drei Felder vor.	Du hast einen Weihnachtsbrief an deine Tante geschrieben. Gehe zwei Felder vor.
Du hast die Stiefel für den Nikolaus nicht geputzt. Gehe zwei Felder zurück.	Du hast nach dem Zähneputzen genascht. Gehe ein Feld zurück.

Ereigniskarten (Rückseiten)

Fragekarten (Vorderseiten)

Wie heißt die Mutter von Jesus? Antwort: Die Mutter von Jesus heißt Maria.	**Welche verschiedenen Plätzchen kennst du?**
Warum feiern wir Weihnachten? Antwort: Wir feiern Weihnachten, weil Jesus geboren wurde.	**Welchen besonderen Baum stellen wir Weihnachten ins Haus?** Antwort: Wir holen einen Tannenbaum ins Haus und schmücken ihn.
Womit schmückt ihr euren Tannenbaum?	**Warum ist der 6. Dezember ein besonderer Tag?** Antwort: Am 6. Dezember ist Nikolaus.
Wie nennt man die Zeit vor Weihnachten? Antwort: Die Adventszeit.	**Welchen besonderen Kranz schmücken wir zur Weihnachtszeit?** Antwort: Wir schmücken einen Adventskranz.
Wie viele Kerzen hat ein Adventskranz? Antwort: Ein Adventskranz hat vier Kerzen.	**Welcher Kalender zeigt uns an, wie viele Tage es noch sind bis Weihnachten?** Antwort: Adventskalender.
Wo wurde Jesus geboren? Antwort: In einem Stall in Bethlehem.	**Wer zeigte den Hirten den Weg zur Krippe?** Antwort: Ein Stern zeigte ihnen den Weg.
Wer hat den Adventskranz erfunden? Antwort: Johann Hinrich Wichert.	**Wann feiern wir Heiligabend?** Antwort: Am 24. Dezember.
Wohin legte Maria ihr Baby im Stall? Antwort: In eine Futterkrippe.	**Wie viele Könige kamen, um Jesus zu besuchen?** Antwort: Drei Könige

© Persen Verlag

Fragekarten (Rückseiten)

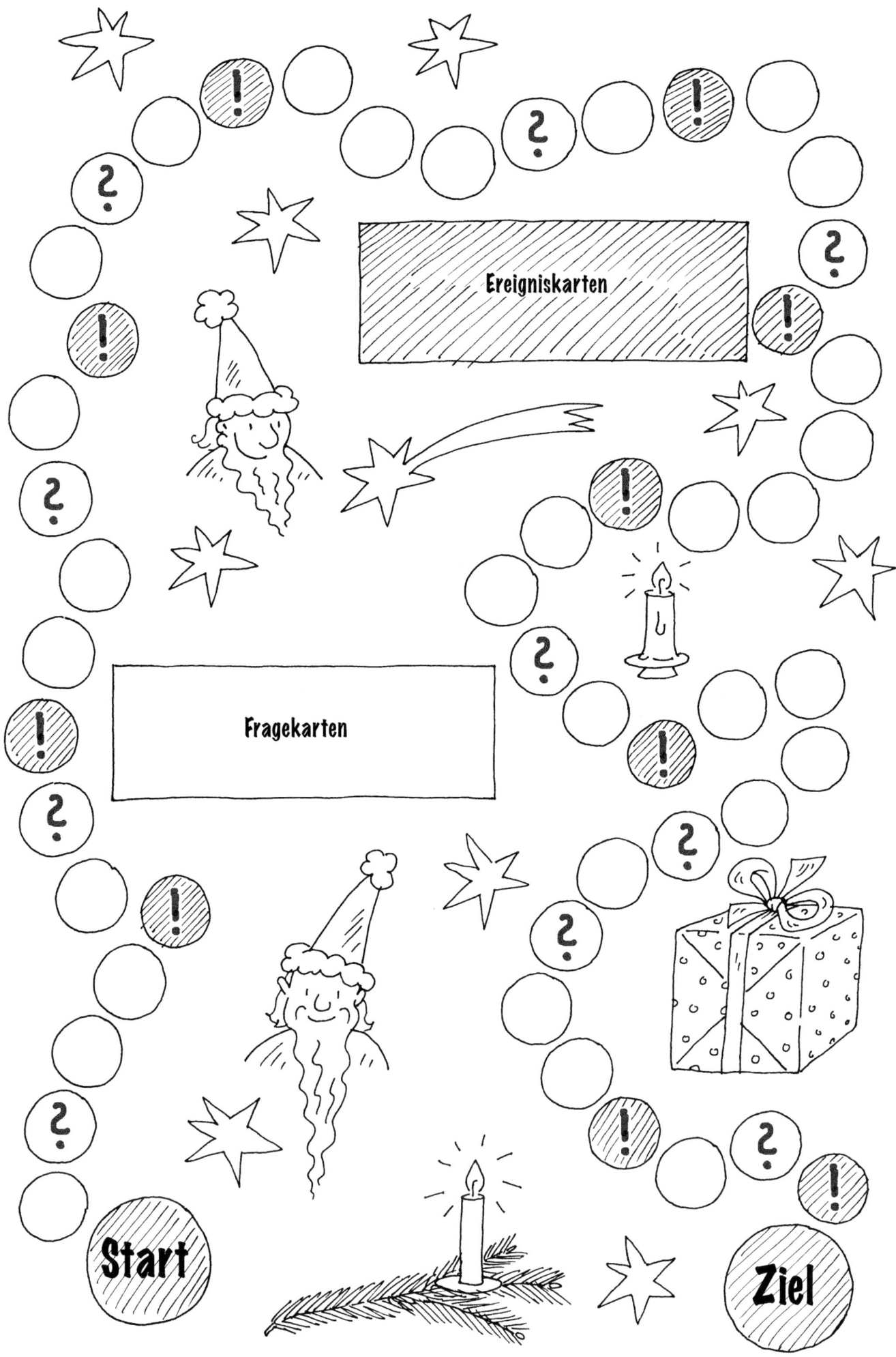

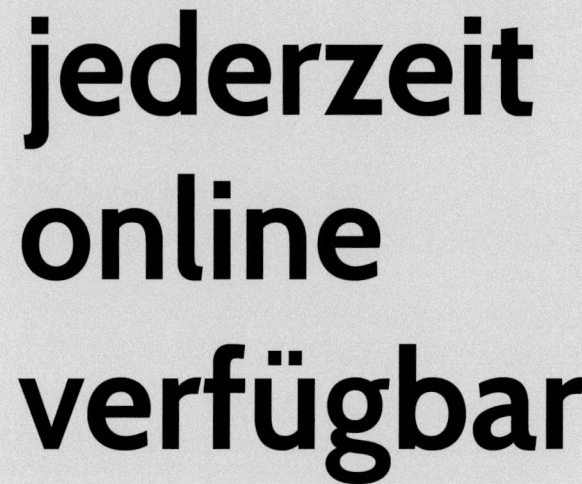